"小学语文十大青年名师"丛书编委会

顾　　问　杨再隋　周一贯
总 主 编　杨永建
主　　编　杨　伟
编　　委　杨永建　杨　伟　郭艳红　郝　波
　　　　　宋园弟　郝　帅　杨壮琴　田　晟
　　　　　刘　妍

小学语文十大青年名师

总主编 杨永建　主编 杨伟

彩虹老师的『语用』课堂

李虹 著

山东城市出版传媒集团·济南出版社

图书在版编目(CIP)数据

彩虹老师的"语用"课堂 / 李虹著. —济南：济南出版社,2023.3

ISBN 978-7-5488-5566-8

Ⅰ.①彩… Ⅱ.①李… Ⅲ.①小学语文课—教学研究 Ⅳ.①G623.202

中国国家版本馆 CIP 数据核字(2023)第 058065 号

彩虹老师的"语用"课堂
CAIHONG LAOSHI DE YUYONG KETANG

李 虹 著

出 版 人	田俊林
责任编辑	张慧泉 姚齐湘 高茜茜
封面设计	李 一
出版发行	济南出版社
地 址	济南市二环南路 1 号
印 刷	山东省东营市新华印刷厂
版 次	2023 年 3 月第 1 版
印 次	2023 年 3 月第 1 次印刷
开 本	170mm×240mm 16 开
印 张	15.5
字 数	224 千字
定 价	58.00 元

济南版图书,如有印装质量问题,请与出版社出版部联系调换。
电话:0531-86131736

序·"语文"代有才人出

周一贯

我自15虚岁以绍兴越光中学初一学生的身份参军入伍,就与语文教学结缘:在部队当文化教员,为干部战士扫除文盲,深感贫苦农民子弟对识字学文的强烈心愿。我才明白原来学语习文对生命成长是如此重要,也因此种下了我对语文教学深情厚爱的种子,乃至在转业地方时,我只要求当一名农村小学语文教师。由此一直干到八十七岁,从事语文教学事业整整七十二年。

在我从事语文教育的生涯里,一直有着名师的榜样引领和精神鼓舞,才令我得以将语文教育奉为终生的事业而乐此不疲。

绍兴是"名士之乡",自然也是"名师之乡",因为名士的背后少不了名师的引领。记得我上小学三年级时,我的二姐和三哥都已上初中。假期归来,他们张口闭口说的都是《爱的教育》,出于好奇,我也开始读他们带回来的《爱的教育》,才知道翻译这本书的还是我们绍兴的一位语文老师夏丏尊。于是,又进一步知道他是哥哥姐姐们当时常念叨的上虞春晖中学的老师。他应当是令我心动的第一位名师。

在转业地方后,我也当上了语文教师,最感兴趣的是春晖中学语文名师团队。除夏丏尊之外,朱自清、范寿康、蔡冠洛……都令我十分关注,由衷钦佩。

改革开放以后,百业俱兴,教育事业也乘风破浪,一日千里。我不仅与我特别关注并深受感召的名师王有声、霍懋征、斯霞、袁瑢、丁有宽等见过面,还有过深深的交谈,他们自然对我感召有加,成为我心中的楷模。

在面向新世纪的那些岁月里,我与诸多语文名师,如靳家彦、于永正、贾志敏、支玉恒、徐鹄、孙双金、窦桂梅、王崧舟等自然有了更为深入的交往,他们的专业成就也同时内化为我的生命力量。

我国小语界名师队伍的俊彦迭起，名流荟萃，令我方落数笔，已觉烟霞满目，神驰意飞……

名师队伍得以不断发展壮大，最关键的在于有强健的内在"机制"。"机制"是什么？第一，其本义应当指机器的构造和动作原理（《辞海》），但现在已有了十分广泛的引申，可以泛指所有内在的工作方式和相互关系。"名师培育"这一事关提升教育质量、事关立德树人关键举措的伟业，其内在机制，首要的当然是教育行政部门的引领和扶掖。第二，当是研修平台的搭建和展示，诸如课堂教学评优、教育论著评选、专业能力评审等，都是名师进阶不可或缺的平台。第三，它更要教育传媒的提携和播扬。在这方面，《小学语文教学》编辑部做得可谓有理有据，有声有色。《小学语文教学》曾经是我国小语会的会刊，一直为国家小语事业的改革开放尽心尽力。现在一样为全国小语界的繁荣发展而殚精竭虑。如《小学语文教学》与《小学教学设计》杂志社已联合为"全国十大青年名师"的遴选举办了六届，推选出了60位全国各地的优秀语文青年名师。2019年联合济南出版社，出版了"十大青年名师"丛书（第1辑），有徐俊、杨修宝、李斌、鱼利明、王林波、许嫣娜、史春妍、孙世梅、张学伟、彭才华等十位名师的专著问世，社会反响十分热烈。因此，2022年又将出版李文、李虹、李祖文、赵昭、张龙、陈德兵、汤瑾、顾文艳、付雪莲、徐颖等十位老师的十部论著。

当然，在价值多元时代，教师专业发展的高度正在被不断解构，记录被不断刷新，因此，名师也在不断发展之中。"与时俱进"应该是名师们共有的生命信念。我们都会时刻警惕：切忌对未来展望的可怕短视，对已有成就的自我高估和对现实问题的视而不见。这是语文名师的大忌，也是我们所有语文教师的大忌。

在人类崇高且富有审美情趣的语言化生存中，我们正在构筑的是一道美丽的生命风景。我们应当为此而欢呼。

语文代有才人出，共襄伟业万年春！情动笔随，书写到此，该画上句号了。恭以为序。

2022年6月11日于越中容膝斋

目 录

教学主张

2　读写结合点的探索

7　精准定位，群文导写
　　——浅议小学语文群文导写"精准知识点"的确立

13　发展习作能力，宜以量求质

18　用"两只眼睛"上课

教学实录

26　《开满鲜花的小路》教学实录及点评

37　《那一定会很好》教学实录及点评

51　《方帽子店》教学实录及点评

64　《母鸡》教学实录及点评

76　《伯牙鼓琴》教学实录及点评

86　《真理诞生于一百个问号之后》教学实录及点评

101　时光追踪　步步追问——"自由作文"习作教学实录及点评

111　《小小"动物园"》教学实录及点评

教学设计

128 寻找汉字的秘密
　　——一年级下册《端午粽》教学设计

135 传承文化　学以致用
　　——三年级下册《古诗三首》教学设计

143 观察有法　下笔有情
　　——三年级下册《我的植物朋友》教学设计

151 想象有趣亦有迹
　　——三年级下册《这样想象真有趣》教学设计

158 问题比内容更重要
　　——四年级上册《呼风唤雨的世纪》教学设计

167 用好提问"练兵场"
　　——四年级上册《蝴蝶的家》教学设计

173 巧"联结"　品古诗
　　——四年级下册《宿新市徐公店》教学设计

183 静中生动　景中生情
　　——五年级上册《四季之美》教学设计

190 读《调皮的日子》，学"用加法写人"
　　——群文导写教学设计

教育随感

198 教育"慢"思考
　　——赴欧洲考察学习心得

200 从二备《新型玻璃》看新课程"教材观"

205 一年级教学日记（节选）

214 读课文　写作文

名师评说

228 在热爱的世界里闪闪发光
　　——名师李虹印象　刘亚雄
232 一个语文老师的浪漫
　　——记全国十大青年名师李虹　宋添添
239 不一样的"彩虹"　余珊庆

教学主张

读写结合点的探索

精准定位，群文导写

发展习作能力，宜以量求质

用"两只眼睛"上课

读写结合点的探索

"熟读唐诗三百首，不会作诗也会吟""读书破万卷，下笔如有神"……这些大家耳熟能详的语句告诉我们：读与写之间有着紧密的联系。特级教师于永正说过："阅读教学中写的训练，不应游离于课文之外，要使它成为阅读教学中的一个有机组成部分。"可见，在阅读教学过程中让学生拿起笔来写一写，定能提高学生习作能力，并且能促进学生深入理解课文内容。

为此，我们在小学语文课堂上开始了"小学课文导写"实验研究，通过具体操作和实践，我们欣喜地发现，正如叶圣陶所言，"课文是个例子"，利用这些精美的"例子"来进行课文导写，让学生"读进去，记得住，用得出"，这对培养学生的习作能力确实有着重要作用。而且，学生通过"写一写"，促进了他们对课文内容的理解。

但随着实验的逐步深入，不少老师提出疑问：的确有的课文有很多的地方可以引导学生去练笔，虽说"量变"会带来"质变"，但过多的"写"还是会使学生有厌烦情绪，教学中该怎样取舍？而有的课文却很难找到"导写点"，能否帮助他们寻找恰当的导写结合点，即解决"小学课文导写，写什么"的问题？

为此，课题组运用课堂实践、个案研究、文献查找等方式，在大量的实践和研究过程中归纳出以下寻找恰当的"课文导写结合点"的方法。

一、选择激发学生习作兴趣的内容作为"导写点"

很多实践经验表明，对学生写作热情的激发比在写作方法上给予指导更为重要！因此，课文导写一定要抓住学生心理，让学生乐于动笔。

例如：根据《海的女儿》中提到的海底宫殿的种种奇幻之处，让学生把自己当成其中的一位海公主，设计属于自己的小天地；抓住《神奇的书》中"遨游书海"一短语，让学生想象自己是一只书虫，到了书中的哪些地方遨游了，探索到了哪些奥秘，经历了什么事情；学完《观潮》，以疫情后帮助海宁市政府恢复旅游产业为由，让学生为钱塘江潮写欢迎海报……

我们还可以将两篇文章有机组合，创设出学生更感兴趣的导写情境。例如，学了《狐狸和乌鸦》《乌鸦喝水》，让学生写一写：假如有一天，这两只乌鸦碰了面，它们会说些什么？会做些什么？会发生哪些有趣的故事呢？

一看到这样的内容，学生们就跃跃欲试，提起笔来，便欲罢不能、妙语连珠。

二、选择促进学生理解重点词句的内容作为"导写点"

阅读教学过程中，老师们一般很注重词语的积累，而对词语理解的教学却往往脱离语境，干巴巴地将词语解释硬塞给学生，导致学生积累了大量的词却"吐"不出来。教学中，我们可以把课文中某些词语具体化、形象化，让学生说一说或者写一写。这样不仅可以让学生练笔，内化这些词语，还有利于学生深入理解课文内容。

例如课文《慈母情深》中有这样一句话："母亲掏衣兜，掏出一卷揉得皱皱的毛票，用龟裂的手指数着。"其中，"龟裂"对学生来讲是个陌生的词语，课堂上与其让学生查工具书了解"龟裂"的意思，不如让学生先为其找出近义词——"龟裂"，再看图对比"龟裂的土地"和"龟裂的手指"，发现二者的相似之处——干枯、开裂，然后展开练笔——从远处看，从近处看，从每一条裂开的口子看，和自己的手对比着看……母亲那龟裂的手指像什么，会让"我"联想到什么："_____看去，那龟裂的手指，仿佛_____。"

这样就把"龟裂"这个词具体化了，也更能帮助学生体会出母亲的艰辛、生活的不易。

三、选择规范、丰富学生的语言的内容作为"导写点"

语文教材中的课文大都是专家、名师之佳作,每篇课文都是学生习作的范本,因此,我们应该让学生学习课文中这些生动、规范的语言,并运用到自己的习作当中去。

比如《总也倒不了的老屋》这篇童话,是通过一系列对话展开故事情节的。可是作者却不仅仅只用了"说"这一种提示语,还分别使用了"自言自语、响起、问、回答"等词语,甚至有些地方连"说"的近义词都找不到,而是"老屋低头看看,吃力地眯起眼睛""小猫从破窗户里跳了出来"……伴随着神态或动作,"人物们"直接开始"说话"啦。但正是因为有了这样的提示语,他们就在文字里活了起来,生动地在我们的眼前表演。课堂上,我引导学生发现这种"写说不用'说'"的表达秘密,并结合课文结构预测,在老屋准备倒下时,还有谁会来。当场即兴仿写一段"等等,老屋!"＿＿＿＿＿＿＿＿＿＿＿＿＿＿＿＿＿＿＿＿＿＿＿＿＿＿＿＿＿＿＿＿＿＿＿＿＿。

有了前面的指导,学生写的提示语不再只有"××说",而是更加丰富多变,更加生动有趣了。

四、选择促进学生个性化朗读的内容作为"导写点"

阅读不仅可以为写作服务,有时倒过来,选择恰当的内容让学生写一写还有利于促进学生阅读。例如《詹天佑》一课中有这样一句话:詹天佑经常勉励工作人员说:"我们的工作首先要精密,不能有一点儿马虎。'大概''差不多'之类的说法,不应该出自工程人员之口。"课题组一位老师教学这一段时,围绕"经常"做文章。既然是"经常",那一定就是说过很多次了,所以他让学生想象詹天佑会是在什么情况下说这句话的,并把当时的具体情况写下来。在此基础上再让学生朗读,学生自然能读出感情,并读出了各自的个性化理解:有的学生读出的是詹天佑语重心长地勉励那些因劳累而懈怠的工人,有的学生读出的是詹天佑严厉地批评那些马虎的工作人员,有的学生读出的是开工前詹天佑高亢激昂的表述……

五、选择促进学生深入课文内涵的内容作为"导写点"

由于认识和理解能力有限,小学生在阅读课文中总会遇到这样那样的难点,比如当课文所述内容远离学生的生活实际时,学生就难以体会,把握不住课文内涵。为此,我们可以抓住关键语句,让学生运用联想练笔或想象练笔的方法,身临其境地去感悟课文内容,这是把握课文内涵的一个诀窍。

《生死攸关的烛光》讲述的是二战期间发生在法国的一个真实的故事:一家三口为了保护一份情报,与敌人进行了紧张而巧妙的周旋。

我在执教这篇课文时进行了三次尝试。第一次试教以读为主,让学生在读中感悟。但是,因为课文的结局是令人欣喜的——母子三人安然无恙,再加上时代久远,无法切实感受等原因,学生很难感悟到"生死攸关"的那种紧张气氛。第二次试教,抓住课后习题让学生练笔:想一想,德军走后,母子三人会互相说些什么。学生对于这一练习很感兴趣,但写得比较简单,理解停留在浅层次上。第三次试教,我抓住课文中"时间一分一秒地过去了"这句话,让学生闭上眼睛:想象时间一分一秒地过去,蜡一点一点地缩短,危险一步一步地逼近,再配上时钟"嘀嗒嘀嗒"声渲染气氛,把学生带进那"生死攸关"的时刻。在气氛最紧张时,让学生把自己想象到的内容写下来。这样的练笔让学生仿佛身临其境,深刻感受到战争的残酷。

六、选择促进学生学习习作方法的内容为"导写点"

课改以来,强调学生作文时要无拘无束、自由表达。这样确实能充分发挥学生个性。但也有不少老师错误地认为"无拘无束,自由表达"就是不讲任何写作方法,学生想怎样写就怎样写。事实证明,小学生习作的学习还在"学步"阶段,他们需要"扶手"和"引导",而小学课文中蕴含着丰富生动的习作方法。我们在进行阅读教学时,不仅要让学生理解内容,更要让他们学习作者表达的方法,并在习作实践中灵活运用。

比如,我们可以向课文学"观察方法",学习《爬山虎的脚》一课,让学生明白原来"仔细观察"是要观察事物的"隐蔽处""细小处""变化处";

我们可以向课文学"表达方法",学习了《松鼠》一课,让学生学会运用拟人写动物性说明文;我们可以向课文学"命题",通过对同一篇课文先后不同题目的分析,如《夜间飞行的秘密》(现部编版)——《蝙蝠与雷达》(原人教版)、《鹿角和鹿腿》(现部编版)——《狮子和鹿》(原人教版),了解给文章命题的几种途径,探析命题的准确性;我们可以向课文学"选材",学了《剃头大师》,让学生也来写写自己或者小伙伴的"小别号"背后的故事。

选择合适的课文导写"点",还有很多途径。我们只有对教材深刻解读,对学生深入了解后,方能找准读写切入点,切实提高学生的阅读能力和习作能力。

精准定位，群文导写
——浅议小学语文群文导写"精准知识点"的确立

习作教学是小学语文教学的重头戏，可这个重头戏在实际的教学中却经常落到学生不会写、老师不会教的地步。其中的重要原因就是老师长期以来对"习作知识"的轻视，或是对学生"想怎么写就怎么写"的放任教学，或是凡写人必谈"动作、心理、语言、神态"描写，凡写活动就是"点面结合"的泛泛式指导。所以，小学语文群文导写课题组提出：将"精准知识点"作为小学语文群文导写的"内核"。

小学语文群文导写中的"精准知识点"指的是通过一组群文的比较阅读，发掘出一个具有共性的、典型性的习作方法，而且是学生"看得懂、学得会、用得上"的习作方法。

一、"精准知识点"的确立原则

（一）精准

所谓"精准"，指的是写作知识点的精细与准确。

以往的习作教学，写作知识点有"模糊""泛化"等现象。比如每节作文课都提"巧用修辞"，看似正确，实则空洞；再比如"指导学生写人"，三年级到六年级的知识点都围绕"外貌、神态、动作、语言"，看似传授了秘籍，实际上是简单的重复。

这些大而化之的写作知识对于学生的写作帮助并不大。所以，群文导写课堂中的写作知识一定是可以让学生拿来使用的，是具体的，是可操作的。确定精准知识点并非易事，需要老师不断实践、不断思考、不断调整，直到可以作为一种具体、明确的方法让学生掌握，这样的"写作知识"才"精准"。

比如：指导学生写人，把知识点由"外貌、神态、动作、语言"分解为"口头禅""重复出现的一句话"等若干个精细的知识点。再比如学写心理活动这个习作知识点太大，像大学的写作课程，以此作为教学内核必然只会泛泛而谈。我们将这一习作知识点细化为一个系列："写好矛盾的心理""一连串的问句""环境与心理""在心里说话"……再将这一系列根据年段特点分别安排到不同学段，课堂教学一课一得，学生学得清楚明白。

这样的阅读和写作课堂，学生不光能做到"看得懂"和"学得会"，而且还能"用得上"和"乐于用"。

（二）合适

在进行群文导写的教学时，写作知识点不仅要精准，而且还要合适。这里的"合适"，一方面是指适合学生掌握，另一方面是指必须要借助"群文"的方式来呈现。只有真正合适的精准性写作知识才能实现举三反一，保证学生在习作能力上得到切实的发展。

（三）新颖

所谓"新颖"，是指让老套的知识点更有创意，以激发学生习作的欲望。比如群文导写《写好声音》一课，原来从"用好拟声词""用好比喻句"等角度出发，不够新颖、缺少创意，通过反复修改，最后将"精准知识点"改为"用心听声音"，通过阅读《笑声》《声音的味道》《你一定会听见》等文章，指导学生从"用心听""用心看""用心想"几个方面去听声音、写声音。学生找到了门道，跃跃欲试。

二、"精准知识点"的来源

在研究群文导写的过程中,最大的障碍之一就是"精准知识点"的确定。这要求老师在备课中、教学中、课外阅读中,对各种文本进行深入阅读、比较推敲,找到其中的写作共同点,从而形成有效的习作"精准知识点"。

(一)有的"精准知识点"来自对课文的深度思考

小学语文教材中的课文是对名家名师的精挑细选之作,大多文质兼美,不仅能够陶冶学生的情操,而且在选材、构思、行文、立意等方面也堪当学生习作的典范。所以老师在备课时,应深度挖掘课文资源,寻找合适的读写结合之处,提炼出"精准知识点"。

例如教《北京的春节》,熊社昕老师敏锐地发现课文是这样介绍腊八粥的:"这种特制的粥是祭祖祭神的,可是细一想,它倒是农业社会一种自傲的表现——这种粥是用各种米,各种豆,与各种干果(杏仁、核桃仁、瓜子、荔枝肉、桂圆肉、莲子、花生米、葡萄干、菱角米……)熬成的。"这句话已经把腊八粥的构成和制作方式讲得很清楚了,可是,作者接着说:"这不是粥,而是小型的农业产品展览会。"这不就是一个很巧妙的写作方法——"否定式想象"吗?再结合《手指》这篇经典课文,指导学生也写一写人体的某个部位,用上否定式想象。

又比如小学五年级课文《威尼斯的小艇》课后习题中提到"说说威尼斯的人们与小艇的关系",很多老师只是把这道题当成一个简单的问答题。如果仔细思考,这里蕴含着"精准知识点"——通过人物活动写风景。马克·吐温写了商人、青年、妇女、孩子、老人,他们的活动都离不开小艇,从而展示了威尼斯的风土人情,是威尼斯的"清明上河图"。用这样的方式来写景,长沙的娃儿写岳麓山不再只有"红于二月花"的枫树,或是远近闻名的爱晚亭,还有了前来赏秋景的游人,更有在岳麓山留下千古名句的杜牧、毛泽东……

（二）有的"精准知识点"来自对教材的重组关联

小学语文教材的单元设置不一定是按照其写作特点来组元的。所以，这要求我们老师在阅读时不仅仅局限于本单元，甚至是本册的课文，还要由这一篇想到有相同写法的另一篇、另几篇，将这几篇课文的相同习作方法提炼出来，使之成为小学群文导写课的"精准知识点"。

比如三年级教材《荷花》一课中，有一段话这样写："我忽然觉得自己仿佛就是一朵荷花，穿着雪白的衣裳，站在阳光里……"六年级教材《山中访友》一课中，也有一段这样的描写："我靠在一棵树上，静静地，仿佛自己也是一棵树，我脚下长出的根须……"两位作家处于不同年代、不同地点，但是不约而同地运用了同一种写法，于是，课题组老师开发出"精准知识点"——把自己想象成描述的对象，引导学生如此写作，所以，学生也会这样写：

冬日，天空中飘起了一个个雪白的小团子，就像一群晶莹剔透的小精灵在跳舞。看着看着，仿佛我也成了一朵小雪花，身穿晶亮的小纱裙，四肢变得轻盈，自由自在地在空中旋转、飞舞。我落到树叶上，树叶就成了我的舞台；落在花朵上，花瓣就成了我的新裙子；落在大地上，我就成了照顾大地妈妈的小被子……

（三）有的"精准知识点"来自老师们的课外阅读

多年来的群文导写课题实践让老师们历练出一双善于发现的"慧眼"。课题组的老师在阅读过程中经常习惯性地边读边思，在文本中提炼出适合小学生学习和运用的写作方法，形成"精准知识点"，再按照"不约而同、无独有偶"的思路去组织群文。比如《美食还可以这样玩》，就是老师在阅读丰子恺先生的《珍珠米》后提炼出来的。丰子恺先生富有童心，吃玉米时先要玩弄一番，而这正是孩子们最喜欢做的事情。这样的文章还有吗？老师顺着这个思路再去寻找群文，撰写下水文，这就产生了《玩美食》这节生动有趣的群文导写课。学生玩美食玩出了乐趣，写出了意味：

我喜欢它（天星板栗），不仅仅因为好吃，更因为它好玩。我的玩法有很多种。有的时候，我先用上下的四颗门牙咬一口，上面就会留下我的牙齿印，像给它盖上了一个表示"此物有主"的印章；有时候，我会拿出一根针，在上面戳着刻字玩；还有时，我把它当作弹珠打，和小伙伴比赛看谁打得远——反正有壳，也不用担心弄脏。赢了的还可以多吃一颗，那味道就更甜了。

（四）有的"精准知识点"来自学生的习作实践

老师在批改学生习作时，会从习作中发现闪光点，将其放大，再查找作家作品中运用了这一方法的群文，使之成为"理论依据"。比如《想到哪就写到哪的日记》。

三、已开发的"精准知识点"

"精准知识点"来源的多样化，造就了小学群文导写课堂的丰富性。小学语文群文导写课题组开发出了八十多个"精准知识点"，并相应推出了八十多节小学语文群文导写经典课堂，这些精准知识点和课堂体现了老师们的智慧和创造。以下为部分"精准知识点"。

1. 写人类："奇招"让"凡人"不"凡"、拟动物法写人、用自嘲的方式介绍自己、借助色彩联想写外貌、写"说"不用"说"、让你的身体会"说话"、"精彩"处用"慢镜头"、用一连串问句写矛盾心理、用环境描写烘托人物心情、通过想象写心理、巧用颜色表心情等。

2. 写景类：把自己想象成观察的对象、学习古诗中的动与静、用拟声词写四季、多次描写同一处景色、首尾呼应突出景物特点、白描和渲染、运用联想和虚实结合的写作手法等。

3. 状物类：不同感官写声音、玩美食、写舌尖上的记忆、一目了然的分类方法等。

4. 选材立意类：有趣的图像诗、为游戏"伴奏"的童谣、有多个结局的故事、反着想象更神奇、学写诗的眼睛、音乐文字、图文结合的广告等。

5. 遣词用句类：结构相同的句式、儿童诗中的叠词等。

6. 篇章结构类：重复出现的句子、有趣的问答歌、一个接一个出场、让想象爬楼梯、排列整齐的总分段、故事中的"对比"、故事中的转折、探秘欧·亨利式结尾、巧用物象作线索、故事中的"巧合"等。

当然，"精准知识点"的确立，绝不可能穷尽，它需要我们做老师的在平时的阅读和教学中形成一种下意识的思维方式：在阅读中发现写作规律，并将这种规律提炼出来，放置于教学中，变成学生可接受、可学习的习作方法。如此，我们的群文导写乃至习作教学亦会更具实效性，能更精准地帮助学生提升习作水平。

发展习作能力，宜以量求质

我国作文教学历史悠久，作文研究理论也非常发达。可是纵观当前小学语文写作教学，不难看到这样的景象：学生咬笔头，老师皱眉头。正如张志公先生所说："作文教学恐怕又是语文教学工作中的一个'老大难'"。

造成作文教学教亦难来学也难的原因有多种，但其中一个重要的原因便是学生的习作量偏低。据我们对一所省级城市重点小学的调查：三年级开始写作文，按照教材及各学校的规定，一般是每学期8次作文，12次周记，每篇习作400字左右——6年下来，习作量合计人均5万字。这还是城市重点小学的习作量，非重点学校，尤其是农村小学学生的习作量往往只有其中的一半。

可我们都知道，写作教学与写作训练是一个长期的过程，量变引起质变，量变是质变的前提。从习作训练来看，没有一定量的训练便奢望习作能力"质"的提升，这只可能是教师的"一厢情愿"。

一、当下习作量偏低的原因分析

（一）重读轻写

纵观我们的语文课堂，重视阅读分析，重视情感体悟，重视表达朗读。我们的教学设计"阅读"总是重中之重，很少看到教师有对写作方法的指导，我们甚至无法保证每篇课文的教学中能够进行一次写的训练。

著名教师崔峦曾经指出:"在综合能力培养上,要处理好学读与学写的关系。语文教学的本质是听、说、读、写并重,而我们的阅读课常常只读不写,也有的把写作为点缀。"这话虽然听起来刺耳,却真实地反映出我们阅读教学的现状:缺乏有效的习作实践渗透,重读轻写现象严重。

(二) 读写分家

一个学期若以20周来计算,平均每周8节语文课,共有160课时,而我们的习作指导课却只占了20课时左右,不到1/8。并且,我们的课堂一直存在"三多三少"的现象,即教师"讲得多,问得多,演得多",学生"读得少,写得少,练得少"。一节课40分钟,学生读书和写作活动的时间不足1/4,其余的时间被教师的讲解、提问、板书等活动所占用。这种满堂讲、满堂问的教学模式挤掉了学生读书、思考的时间,磨灭了学生学习语文的兴趣和热情。学生读得少了,写得少了,主动参与语言实践的时间少了、机会少了,读写分家,写作量偏低,再谈提高学生的语文能力也就变成一句空话了。

(三) 习作形式单一

反思我国小学习作教学,内容和形式相对封闭单一,程序、规范化有余,创新、开放性不足。我们收集了近几年来的语文测试卷,其中的习作项考察题大多为:"老师,我想对你说""写朝夕相处的人""写你喜欢的动物""写自己印象深刻或喜欢的活动""写生活中让你感动的事情""写你最感兴趣的故事""写你与家人之间发生的事"……这些作文题目分别从写一个人、写一件事、写一种动物等角度来确定,内容仅仅涉及学生所见所闻的人、事、物,视野比较狭窄,学生习作兴趣不浓,习作内容重复,这些也造成了习作量偏低的现象。

二、坚持走量中求质之路

正如我们都熟知的量变质变原则,任何事物的发展都必须首先从量变开始,没有一定程度的量的积累,就不可能有事物性质的变化,就不可能实现事物的飞跃和发展。我们若想提高学生的习作素养，亦要坚持走量中求质之路。当然，习作量的增加，并不是简单机械的"题海战术"，亦要注意分寸，掌握火候，坚持适度的原则。

那么，如何科学地增加学生的习作量呢？我们可以从以下几方面着手。

（一）读写并重

我们先来看看台湾的阅读教学。据吴忠豪教授介绍：台湾的阅读教学，常常是一篇课文学 6 个课时：第一课时，归纳大意，学习字词；第二课时，探究课文内容和表达形式；第三课时，欣赏课文特色，练习语句；第四课时，说话练习；第五课时，作文；第六课时，写字。[1] 我们可以明显地看到，在这 6 个课时中，后 3 个课时全部是学生活动；前 3 个课时也有一半的时间是学生的。这样设计，整体上保证了阅读教学以学生读练为主。

我们的阅读教学也应该像这样，先从时间上让读为写，读写并重；从教学设计和教学课时分配上，缩短课文分析时间，在每篇课文的学习中都明确地安排出写作课时，以保证学生的习作训练时间。

（二）读写结合

读写结合是语文教学的根本方法和基本规律。叶圣陶的"课文无非是个例子""教是为了不教"，张志公的"带着写的问题上阅读课"，都精辟地阐述了读写结合是语文教学的必由之路。读写结合，能让学生在阅读中悟写，学习作者的表达方法，亦能从仿到作，利用现有的语文教学时间给学生提供练笔时间、利用现有的语文教材给学生提供练笔内容，从而切实有效地增加学生的习作量。比如说，我们可以以课文为依托，实现各种形式的小练笔。

1. 仿写。这是最常见的练笔形式，也符合小学生习作时模仿为主的心理，也是教学中迁移规律的运用。如学完《卖火柴的小女孩》后可以模仿第五自然段的"现实——幻想——现实"的写法，再想一次小女孩擦燃火柴后还会

---

[1] 吴忠豪. 台湾教师如何上阅读课. 小学语文教学，2010（8）.

想到什么，并把想象的内容写具体，以表现小女孩悲惨的命运。

可以进行句式的仿写。如三年级上册教材《花的学校》，学生可以仿照泰戈尔那极具童趣的拟人句"雨一来，他们便放假了"，继续发挥想象，写一写："蝴蝶一来，他们_____。""_____一来，他们_____。"又如《搭船的鸟》的第四自然段，翠鸟捕鱼明明是极快的，可课文却用了一连串的动词"冲、飞、衔、站、吞"来进行描写，课堂上就可以指导学生仿照这种"快动作分解法"，用一连串的动词写活动。

2. 续写。学完《穷人》，续写桑娜一家收养了西蒙的两个孩子后是怎样生活的；学完《凡卡》，续写凡卡把信寄走后发生了什么事。

3. 扩写。这种写法往往就文中可以展开想象的地方描写。经典的设计如于永正教《我的伯父鲁迅先生》一文，让学生用具体的语言文字描写出"饱经沧桑"的车夫的样子。

4. 补白。《草船借箭》一文中诸葛亮与周瑜的对话都是"××说"的形式，可以让学生揣摩人物的内心，让学生给人物的语言加提示语。如"诸葛亮说"可以改写为"诸葛亮一边摇着羽毛扇，一边说"，这样既深入理解了课文，又练习了提示语的写法。

5. 改写。可以把古诗改写成现代文。还可以巧妙地把文中的语言转变成自己的话，如学了《鸟的天堂》可以让学生以小鸟的角色写《我的天堂》，即积累了语言文字，又加深了对课文的理解。

6. 缩写。故事性较强的文章比较适合缩写，缩写主要锻炼学生用简洁的语言表达的能力和概括主要内容的能力。

7. 写简评。可写人物简评，如学完六上的"鲁迅单元"，可以让学生试着以"我心目中的鲁迅"为题，写一篇200字左右的人物简评；还可以写事件简评，如学完《伯牙鼓琴》，就"钟子期死，伯牙破琴绝弦，终身不复鼓琴"写"伯牙绝弦，值不值"的话题小作文……这样，既结合课文内容理解了人物，又练习了书面表达。

8. 写感悟。思想性较强，又贴近学生生活实际的文章适合写完整的读后感。如《"精彩极了"和"糟糕透了"》《窃读记》等文；更多的时候只写感受即可，一般在课文上到情浓处、学生心动时，让学生在文章的空白处写下当时的感受，如《圆明园的毁灭》《桥》；还有一种常见的方式就是给插图配文字，如为课本上《普罗米修斯》的插图配上普罗米修斯和鹫鹰的对白……这些方法都能引发学生写作的兴趣。

（三）多种形式

学生习作的形式和内容应该丰富多样，不仅仅局限于教材中规定的单元习作，也不仅仅只是写人记事、写景状物，可以是看图写话、生活日记、数学日记，可以是课文故事新编，可以是儿歌、小诗的创作，更可以是生活现象、科学问题的研究与分析。让习作不仅跟语文学习相关，更和学生的生活息息相关，让习作成为学生生活的一部分。

（四）统一习作量要求

老舍曾说："每个星期才写一篇文章的作家绝对不是一个好作家。"我们虽然不一定要求每个学生都当作家，但要学好语文，习作还是要勤写的。我们可以根据学生年龄特点、年段特点，具体规定各年级的习作量，并要求学生每日都动动笔，不管写得如何，让其成为一种习惯。我们可以在班级开展"一句话日记"拉力赛、"千字日记"大比拼、"班级小说接龙"等活动，激发学生勤动笔、爱写作的热情，学生会越写越多，越写越好。我们完全有理由相信，在教师的引导下，学生的习作水平一定会日益提高，一定会写出有创意的佳作。

用"两只眼睛"上课

前不久,本校一位年轻教师到区里参加语文课堂教学竞赛。该教师个人基本素质很好,学校亦非常重视,特意组成了备课小组,几位高手出谋划策,教学设计"天衣无缝",每句话都精雕细琢,教案写得密密麻麻,教师背得滚瓜烂熟。可竞赛结果呢?课堂效果平平,听课教师评价并不高。

返校后,大家坐下来冷静反思,溯本思源:问题出在教师过于关注教案,而没有关注课堂中的学生。

歌德有句名言:"会读书的人用两只眼睛,一只眼睛看纸面上的文字,另一只眼睛看到纸的背后。"上课与读书同理。会上课的人,一只眼睛看教案,另一只眼睛看学生。这两只眼睛,也许后一只眼睛更重要。

如何用两只眼睛上课呢?我们可以从以下几方面着手研讨。

一、善于留白

许多传统艺术都讲究"虚实相生",书法作品中的"飞白",绘画作品中的"留白",文学作品中的"空白",经典乐曲中的"余白",都是艺术中的最高境界。同样,作为大艺术门类中的教学艺术也要讲究"留白"艺术,要给学生留有余地。教学设计太满,难免以教师为中心,学生处于被带状态,"挤不进来"。正如俄国著名文艺批评家杜勃罗留波夫所讲的:"教师如果把科学的材料嚼得这样细,使学生无须再咀嚼,只要把教师所讲的吞下去就行了。这样,从学生中可能培养出懂知识的猿猴,而绝不是独立自主的人。"

而从心理学角度来看，教学中留下的"空白"亦有利于激发学生的求知欲，提高学生探究并解决问题的兴趣。因此，我们在进行教学设计时可以尝试"板块式备课"，立足文本，设计一些"问域宽、解答距长、思维强度大"的问题，同时，每个板块都应留给学生较充分的自学时间、思考余地，使教学设计具有适度弹性，给学生以充分选择的余地。

例如，《爬山虎的脚》是统编教材四年级上册第三单元的一篇课文，这个单元有两个语文要素："体会文章准确生动的表达，感受作者连续细致的观察。""进行连续观察，学写观察日记。"很明显，两个语文要素都直指"观察"。因此，我们在教学时也应该紧扣"观察"，开展板块式教学。

板块一：观察课题，猜读激趣

1. 齐读课题，猜想内容：光看课题，你们觉得这篇课文是写动物，还是植物。为什么？

2. 揭晓答案，继续猜想：老师告诉你们，"爬山虎"是一种植物。继续猜，从课题来看，你们觉得作者重点会写这种植物的哪些部分。为什么？

3. 带着问题读课文，要求：

（1）把课文读通、读顺。

（2）解疑：这篇课文写了爬山虎的哪些部分？

（3）思考：作者为什么要以《爬山虎的脚》为题？

板块二：检查生字词，强调"观察"

第一组词语：叶柄　嫩茎　茎上长叶柄的地方

提醒：仔细看注音，前、后鼻音要读准。

看图：分别找到"叶柄""嫩茎""茎上长叶柄的地方"——表扬：善于观察生活、观察文字细节。

第二组词语：操场　占地方　牢固

观察："囗"在生字不同位置时有什么变化，指导书写。

板块三：梳理课文，了解观察内容

1. 梳理每个自然段的内容，发现：叶圣陶爷爷观察了"爬山虎"的哪些方面？

2. 师生共同完成课文结构图

爬山虎 ┌ 生长位置（1）
　　　├ 叶子（2）：嫩红——嫩绿
　　　└ 脚（3—5）┌ 样子
　　　　　　　　　├ 怎么爬
　　　　　　　　　└ 是否触墙的变化

3. 观察课文结构图，发现作者的观察顺序：整体——部分——细节。连续观察写变化。

板块四：品读语段，学习"细致观察"

1. 默读课文，圈画出作者"细致观察"的句子。

2. 学生反馈，品读重点句子，学习观察方法。例如，"茎上长叶柄的地方，反面伸出枝状的六七根细丝，这些细丝很像蜗牛的触角。"

学生活动：根据课文描述画图，感受作者观察的细致、表达的准确。

紧扣"反面""茎上长叶柄的地方"等词，提炼观察方法一：观察"隐蔽处"。

紧扣"枝状""细丝""蜗牛的触角"等词，提炼观察方法二：观察"细微处"。

板块五：品读语段，学习"连续观察"

1. 默读课文，圈画出作者"连续观察"的句子。

2. 学生反馈，总结观察方法三：观察"变化处"。

板块六：比较"资料袋"，学做"观察记录"

1. 观察课文后资料袋中的两种观察记录形式，比较异同及优点。

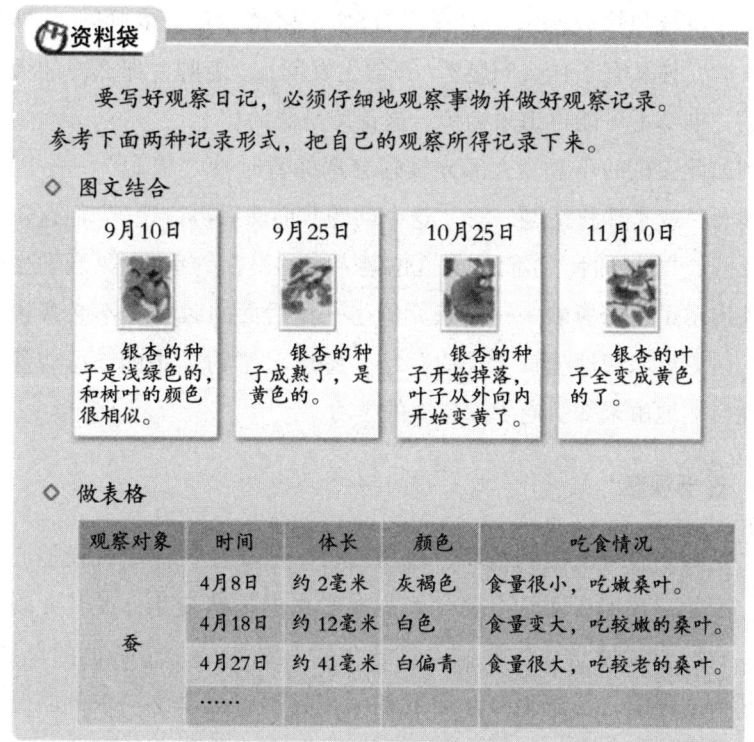

2. 交流：你想连续观察什么？你打算采用哪种形式记录？为什么？

二、善于倾听

一直记得听课时的一个尴尬场面——教师激情表扬一位学生的发言，冷不防，该生大声说："老师，我刚才不是这样说的！"尽管教师很机灵，马上回应："是吗？不好意思，你刚才讲得太好了，老师是听了你的发言太激动了！"但是，这种课堂"失聪"现象仍造成了师生交流的阻断。究其原因，是我们的教师心思不在学生身上，没有用心倾听，心里想的只是教案的下一句话讲什么。

实际上，课堂上学生精彩的发言，甚至是低级的失误都是一份宝贵的教学资源，都是课堂上可遇而不可求的即时生成。教师应该善于倾听，及时引导。

曾听一位教师执教柳宗元的《江雪》。了解诗意后，老师问："同学们，再读读古诗，你又有了什么问题？"一学生发问："老师，那么冷的天，河面都结冰了，谁都不可能再出来钓鱼。这首诗是假的！"

听到如此尖锐的声音，大部分教师会选择暂时性"失聪"——因为教案中没有涉及，或是转移话题——"这个问题我们课后再讨论。"但这位教师却郑重地反问："同学们，你们觉得这位老人真的是在钓鱼吗？"当学生陷入沉思时，他出示了一份资料——柳宗元的生平。后面的教学已不必多说，学生在解读、讨论后深切地理解了"钓"字，感悟出"钓"中的隐忍与等待。课堂就如此自然地由未知引向了深层次的学习。

三、善于观察

课堂是师生心理交往的场所，成功的教学活动往往伴随着最佳心态的参与产生。因此，教师在课堂上要仔细观察学生的情绪变化，尤其要观察学生的眼神。我们要读懂学生的眼睛：读学生清澈的眼睛，了解他的单纯懵懂；读学生热情的眼睛，了解他展示自我的强烈愿望；读学生渴求的眼睛，了解他对知识的向往；读学生迷惘的眼睛，了解他学习中遇到的困难；读学生游离的眼睛，了解他精神的疲劳……

记得一次课上，我发现一个一向学习落后的学生眼神呆滞，似乎课堂与他毫不相关。我悄悄地走到他身边，小声地说："告诉你一个秘密，老师待会儿会请你跟我一起比赛读书哦。"他眼神一振，马上开始认真读书。等学生自由朗读完后，我第一个邀请了他。他朗读时很不自信，结结巴巴。我却诚恳地赞扬他："我要向你学习，学你的认真——你一直在认真地纠正自己的错误读音。"接下来的学习过程中这个学生眼睛亮了，背挺直了，手举高了。同时，教师对"弱势群体"的这份关注和宽容也给了其他学生莫大的鼓励与热情，整堂课师生互动民主、和谐，学习气氛好极了。

四、善于改变

新课标强调课堂是一个不断生成的教学过程，但遗憾的是，我们每每听完课后，常听见教师在那里自怨自艾："我不记得教案啦""糟了，我忘说这句话了""唉，多好的问题，我当时怎么就把它给放过了，都怪我老担心会漏了下面的哪个环节"……这些话隐含了什么？是这些教师下意识地坚持着预设，一成不变地"走教案"。

"走教案"，可能走得精彩，但不一定学得精彩。因为教育的对象是学生，"学生不是作家笔下被动的小说，不是画家笔下的图案，也不是电视电影面前无可奈何的观众，更不是配合教师上课的配角，而是具有主观能动性的人。他作为一种活生生的力量，带着自己的知识、经验、思考、灵感、兴致参与课堂活动，并成为课堂教学不可分割的一部分，从而使课堂教学呈现出丰富性、多变性和复杂性。"（钟启泉）所以，高明的教师，不应拘泥于预先设定的固定不变的教案，而应依学情而变。

记得我在上《狐狸与乌鸦》一课时，原教案在学完课文后有这样一个预设："学了这个故事，你想对狐狸或乌鸦说些什么？"没想到一位学生却说："这只乌鸦太笨了，不动脑筋，没有《乌鸦喝水》中的那只乌鸦聪明。"听到学生的这番话，我灵机一动，马上调整自己的教学设计："假如《乌鸦喝水》中的那只乌鸦飞过来，正好看到这只乌鸦的肉被狐狸骗走，它会对这只乌鸦说些什么呢？它还能想出什么办法，帮助这只乌鸦把肉重新夺回来吗？"如此一改，原本简单的思想性总结谈话变成了新的读写结合训练点，学生们兴致盎然，当场编出了许多趣味十足的小童话。

总之，要做到用两只"眼睛"上课，教师必须不断提高自身的素养，把课堂当作师生积极互动、平等对话的场所，不再受制于教案，而是树立以学生为本的新课程观，关注学生，并灵活调整教学活动，这样才能真正建构起激发学生潜能的学习场。

教学实录

《开满鲜花的小路》教学实录及点评

《母鸡》教学实录及点评

《伯牙鼓琴》教学实录及点评

《真理诞生于一百个问号之后》教学实录及点评

《小小"动物园"》教学实录及点评

《开满鲜花的小路》教学实录及点评

点评：湖南长沙博才梅溪湖小学　游文秀
地点：湖南师大滨江小学

一、朗读课题，学写"鲜"字

师：喜欢听童话故事的小朋友请举手！哇！都喜欢啊。正好，李老师给大家带来了一个童话——《开满鲜花的小路》。（师板书课题，漏写"鲜"）哎呀，"鲜花"的"鲜"字老师不会写，谁来教教李老师？

生：左边一个"鱼"字，右边一个"羊"字。

师：真聪明，直接告诉我左边一个"鱼"，右边一个"羊"，我马上就记住啦。我们还可以编一个顺口溜——鱼羊鲜。（师继续板书"鲜"）现在跟老师一起把"鲜"写上去。鱼羊鲜，左右同宽，左右上齐平，右下竖伸出。谁发现了，鱼变成鱼字旁时，哪一笔悄悄变了？

生："鱼"下面的那一横变成了提。

师：你们知道为什么这一横要变成提吗？

生：因为鱼羊做了好兄弟。

师：嗯，我们的汉字跟我们中国人一样特别谦让，两个部件放在一块，左边的最后一横都会变成一提，这样是为了给右边的部件让出一点位置来。好啦，现在这个故事的名字已经全补充好了，它叫——

（生齐读，比较拖拉。）

声音很好听哦。不过这个"的"字要注意：轻声词"的"要读得又轻又短——开满鲜花的小路。

生：开满鲜花的小路。

师：在这条开满鲜花的小路上发生了一个美丽的故事。（板画小路）教师接着说故事，课件相机出示课文。

二、听读课文，整体感知

师：喜欢这个故事吗？那就打开你们的课文纸，美美地读一读，争取一个字一个字地把字音读准，一句话一句话地把句子读通顺。还可以用铅笔圈一圈故事中的动物，同一种小动物只圈一次。

（生自由读课文。）

师：同学们学会了自己读自己的，尤其是这最后一个读完的小女孩，不受其他人影响，坚持自己把课文读完。学习的时候，能够独立思考，这才是最棒的。

师：亲爱的同学们，你们找到了吗？这个故事里面到底有哪些小动物呢？你来说，我来找，大家一起读。

（生说动物名称，师板贴动物卡片，大家一起读：邮递员黄狗、长颈鹿大叔、鼹鼠先生、松鼠太太、刺猬太太、狐狸太太、小松鼠、小刺猬、小狐狸。生说到松鼠太太时，师插问。）

师：你能帮我把松鼠太太的名字牌贴到黑板上吗？想想看，放到哪个位置更好一些。

生：放到了"鼹鼠先生"的下面。

师：同意吗？

部分生：不同意。

师：为什么？

生：因为鼹鼠先生是拿着包裹经过小路，才到松鼠太太家的。所以，只能放到小路的另一边去。

生：如果就放到鼹鼠先生的下面，那么就不会有那条开满鲜花的小路了。

师：哇！你太了不起了，读了一遍故事，就发现了这条开满鲜花的小路的秘密！

（生说到"刺猬太太"时，师插问。）

师：这里面可藏着一个生字——谁能借拼音识字？请带读。（师出示字卡"猬"。）

师：这个字会变，单独读的时候读成猬，第四声，放到词语中呢？（出示词卡：刺猬。）

生：变成了轻声。

师：真好，大家一起读3遍。

师：所有的小动物，已经都被我们请到了黑板上，可是我还要请你们接着把这些小动物放到我们的句子当中。我请你来说第一句。同学们，他要是对了，我们就跟他一块读；他要是说错了，我们就说："错错错，想一想。"

（　　）给鼹（yǎn）鼠先生寄（jì）包裹（guǒ）。

（　　）给鼹（yǎn）鼠先生送包裹（guǒ）单。

鼹（yǎn）鼠先生请（　　）看包裹（guǒ）。

（师指名说句子，生齐读句子。）

三、分类识字，相机学文

（一）第一组生字：邮、递、裹、寄、局

1. 创设情境，认读生字词。

师：看来，这个故事的开头啊就发生在这里——瞧，这是哪里？（课件出示邮局。手指词语，分组问：你们认识吗？大声读。）

生：邮局。

师：你们猜李老师最喜欢去邮局干什么？

生：取包裹。

师：还有吗？

生（七嘴八舌）：领包裹。寄信。寄包裹。取包裹单。

师：那么到底谁猜对了？李老师揭晓答案（课件出示"寄包裹"），看懂答案的小朋友不出声，用你的嘴型告诉我，我最爱去邮局干什么？

（所有生很夸张地做着口型：寄包裹。）

师：我看明白了，你们都在说——

生（大声齐）：寄包裹！

师：我们去邮局寄包裹，要请谁帮忙？还是用口型告诉我，我来猜。（课件出示：邮递员。）

师：做口型，老师猜，猜对了跟着读。

生：邮递员。

2. 学写生字：递、局。

师：这些词语当中藏着两个要写的生字（课件展示：递、局）谁的火眼金睛发现了这两个字都是什么结构的字？

生：都是半包围结构。

师：是的，"递"是左下包围，"局"是左上包围。左下包围的字哪一笔最长、最舒展？

生：一捺。

师：这一捺像什么？

生：像一条路。

生：像勺子。

师：确实挺像的！老师觉得它的这个样子还像小朋友玩的滑梯，写的时候前面要平一点，然后往下滑，最后尾部稍微平一些，就更漂亮了。

（生练习。）

师："局"是左上包围的字，左上包围哪一笔最长、最舒展？

生：撇。

师：你觉得这撇像什么？

生：像斜坡。

生：像细细的长头发。

生：还像柳树的细条。

师：真好，那么接下来就请同学们跟着李老师学习，争取把这两个字写得更漂亮。

（师板写——递：先写中间的弟，"弟"字稍靠右，给走之儿腾出位置。点撇两画相呼应，横长折短写紧凑，竖折折钩要舒展；走之儿，点靠右，横折折撇像"S"，平捺像个滑滑梯，稳稳托起小弟弟。

局：上小下大，上窄下宽，竖撇细细长长像柳丝。横折钩，右肩冲出包围圈，小口放在正中间。）

师：注意了这些关键笔画，字就会写得好看了。接下来，请同学们把这两个字在书上描红一个，练写一个。

（生写完后师现场点评。）

师：第一，你觉得她的字什么地方值得你学习？第二，你还有更好的建议吗？

3. 生字连成句，再次识记。

师：你们瞧，老师把这些我们刚刚学的生字请到句子当中来了（出示课件：邮递员叔叔从邮局出来给我们送包裹），隔了这么久，还认识它们吗？

生：认识。

师：我可不相信。认识的同学一块读读看。

生齐：邮递员叔叔从邮局出来给我们送包裹。

（二）第二组生字词：懊丧、啊

1. 学习"懊丧"。

（播放课件动画，跳出两个大包裹。）

师：哇！包裹真的送来啦！好漂亮的包裹啊！你们想拆哪一个？1，2，3！一起拆包裹！（课件出现"懊丧""啊"）咦？藏着2个词，谁认识？

（指名2人读，齐读，去掉拼音，小组读。）

师：懊丧是什么意思呢？咱们可以通过字形来猜一猜。先来看"懊"字是什么偏旁，和什么有关。

生："懊"是竖心旁，和心情有关。

师：再来看"丧"。（课件出示"丧"的繁体字，字理识字）繁体字是这样写的——中间的两个口像两只大眼睛，十根手指头在眼睛旁揉啊揉。现在你们能猜出来了吗，懊丧是怎样的心情呢？

生：沮丧。

师：难过的心情。

生：伤心的心情。

师：很难过，很沮丧，很伤心。读一读这个词，我听听看你是不是明白懊丧的意思了。

生：懊丧。

师：哦，看你的表情，很开心，一点儿也不懊丧。谁再来？

生：（低着头）懊丧。

师：听出来了，这样的表情，这样的声音，他的心情——

生（齐）：很懊丧。

师：到底是谁的心情很懊丧呢？（课件出示句子：包裹破了，里面的东西不见了。看来都漏在来时的路上啦！鼹鼠先生很懊丧。）

师：谁来读一读？

（一生读得很准确，但比较拖拉。）

师：每一个字都读得特别准，真好。来，让我们一起把自己变成鼹鼠先生吧。想想看，你今天收到了一个大礼包，好开心啊，可突然发现礼包破了——什么感受？就带着这种感受读。

（一生绘声绘色地读句子：包裹破了，里面的东西不见了。看来都漏在来时的路上啦！鼹鼠先生很懊丧。）

师：懊丧得都快要哭了呢！来，我们一起向他学习。

（全体生很有感情地齐读句子。）

2. 学习"啊"。

师：告诉你们哦，这个"啊"字也能代表心情，而且它还会随着心情的变化而变化。（课件出示句子：啊，通往松鼠太太家的路，成了一条开满鲜花的小路。)

师：谁来读？你们听出来了吗，鼹鼠先生有怎样的心情？

生：很开心的。

生：还有很惊讶。

师：开心又惊讶，就是惊喜！这句话中哪一个字最能让我们感受到鼹鼠先生的惊喜？

生（齐）：啊！

师："啊"是个语气词，语气不同，它的读音也不同。你瞧，在这里表示惊喜时，它是第几声？

生：第四声。

师：这个"啊"字，还藏在课文中哪个句子里？快把它们找出来。

（生说句子，师相机出示课件：多美啊！真美啊！这是多么美好的礼物啊！）

师：读一读这三个句子，你们发现了吗，"啊"的读音发生了什么变化？

生：变成轻声了。

师：你真聪明！再读读这3个句子，你们一定还会发现，这3个句子都是？

生：都是在表扬。

生：都是在赞美！

生："啊"都是最后的一个字。

师：是啊，当"啊"跑到了句子的最后，表达对别人的赞美时，它就变成了轻声。咱们来比一比谁最会赞美吧。

（分组朗读，读出赞美之情。）

师："啊"还会变呢！

（许多生不由得发出"啊 á"的声音。）

师：哈哈，你们自己已经变出来了。（课件出示句子：啊，真的吗？）变成什么了？

生：变成第二声了。

师：读第二声时表示什么心情呢？

生：疑问。

师：没错，那就让我们用疑问的语气再来读读这句话吧。（课件出示句子：啊，真的吗?）

(三) 第三组生字词：绚丽多彩、五颜六色

1. 创设情境学词。

师：刚才还剩一个礼物包裹哦，想不想看?

生（期待地）：想！

（课件动画，包裹里飞出五颜六色的鲜花，生发出"哇"的惊叹。）

师：叫得这么开心，告诉我，你们看到了什么?

生：花朵。

师：哦？什么颜色的花朵?

生：紫色的、粉红的、黄的……

师：这么多的颜色，能用一个词来说吗?

生：五颜六色。

生：五彩缤纷。

生：五光十色。

师：在我们课文当中，也有两个词能代表许多颜色，赶紧读一读，找一找，把它们圈画出来。

（生快速自由读课文，圈画词语。）

生：我找到了，是"绚丽多彩、五颜六色"。

师：和他找的一样的一起来读读。（课件出示：绚丽多彩、五颜六色。）

师：咱们还要分组比赛读词，比一比哪一个组读的词语让李老师看到的颜色最丰富、最美丽！

2. 师生合作读文。

师：听你们读得这么美，我已经等不及要去看那条开满鲜花的小路啦！

（课件出示7~10自然段，师生合作读课文。师读和鼹鼠先生有关的句子，1、2组生当刺猬太太，3、4组生当狐狸太太。）

（四）第四组生字、词：花籽、礼物

师：唉！这条开满鲜花的小路是谁种出来的呢？刺猬太太不知道，狐狸太太不知道，鼹鼠先生也不知道。你们知道吗？

生：不是谁种出来的，是鼹鼠先生拿着包裹去找松鼠太太时，包裹破了，里面的花籽落在小路上，然后就长出花来啦。

师：不光你知道了，聪明的松鼠太太也知道啦！会读的同学一起读——（课件出示："我知道了，去年长颈鹿寄给你的是花籽。这是多么美好的礼物啊！"）

师：这句话中藏着2个生字词，谁会读？

（课件出示：花籽，礼物。指名读，带读，齐读。）

师：课文当中这个美好的礼物到底是什么呢？

生：花籽。

师：生活当中，你有没有收到过或者送出去过美好的礼物？谁来跟大家分享一下有关这个礼物的故事？

生：我给老师送过一张自己做的贺卡。

师：亲手做的礼物，老师肯定特别开心。

生：我有一次收到了一个包裹，里面装的是一封信，上面写的是："祝你新年快乐。"

师：也是新年礼物呢！

生：母亲节的时候，我给妈妈洗袜子，妈妈说这是她收到的最好的礼物！

师：有这么勤劳又孝顺的女儿，你的妈妈真幸福！你们瞧，我们的礼物有可能是一封信，有可能是一个手工，也有可能是为别人做的一件事。甚至还可以像这样，一包花籽，最后变成了一条——

生：开满鲜花的小路。

师：亲爱的同学们，你愿意把这个故事也当作一份美好的礼物送给爸爸妈妈吗？下节课就跟着老师一起学怎么样把这个故事说得更生动，让这个礼物更美好、更吸引人。好啦，今天我们的课就上到这儿了。

[板书设计]

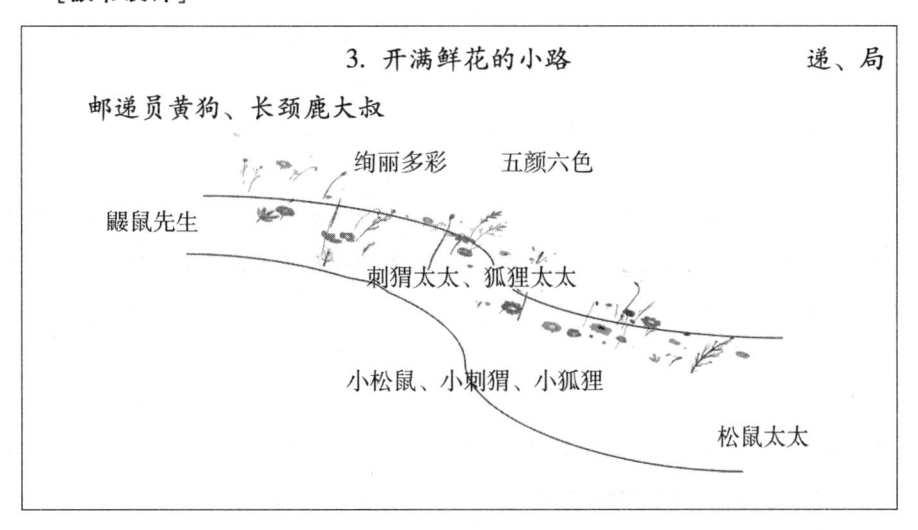

```
                3. 开满鲜花的小路              递、局
  邮递员黄狗、长颈鹿大叔
                    绚丽多彩    五颜六色
      鼹鼠先生
                      刺猬太太、狐狸太太

              小松鼠、小刺猬、小狐狸
                                    松鼠太太
```

点　评

湖南大学子弟小学优秀的李虹老师是我心目中的"女神"，她三十年如一日，始终坚守在语文教育教学一线，深耕细作，不断探寻语文课堂的奥秘。她痴情于语文教学，将她的爱与智慧凝聚在个个精巧的教学设计当中，倾注在一堂堂各具特色、引人入胜的课堂当中。她的每一堂语文课都令人印象深刻。同行对她的教学评价是：紧扣教材又不拘泥于教材，注重情感熏陶，强化思维训练，着眼能力提升。大开大合，收放自如，自然灵动，一气呵成，荡气回肠，令人神往。

一、心无旁骛，制心一处

李老师的课堂，永远清新明朗。首先体现在导入环节，开门见山，干脆利落，直奔主题。这一点在后面的字词学习环节也比较明显。课堂上高频率出现的字词与句子都出自本篇课文，与本堂课学习无关的内容尽量少涉及甚至不提及，避免了其他的干扰，使学习更加聚焦。

二、妙趣横生，引人入胜

1. 初读，整体感知环节。这是一篇较为简短的童话故事，故事情节并不复杂，但出现的"人物"不少。新课伊始，有必要让学生厘清课文中出现的人物以及它们之间的关系。李老师特别懂学生，了解低年级儿童的心理。通过初读环节中学生的自我"圈画"，对人物建立第一印象；通过贴动物卡片，进一步加深学生的印象。特别是结合课堂精心设计的板书，将故事中出现的角色以及它们之间的位置关系等呈现得清清楚楚。可爱且充满童趣的卡片张贴既节省了板书的时间，又增强了课堂的趣味性。

2. 识字教学环节。识字教学是低段语文教学的重点与关键。这节课识字的任务量不轻，如果老师不花心思，常规性进行教学，会让学生感觉单调乏味，枯燥无比，学习兴趣不大，学习的效果自然不会太好。李老师巧花心思，通过生字、词分组教，随文识字等方式，将普通的识字转变成了妙趣横生的学习过程，这成为本堂课教学的亮点与特色。她的分组有标准、依据，各组词出现的顺序也有讲究。如：第三组的两个成语"绚丽多彩、五颜六色"关联到了鲜花，进行点题。第四组"花籽、礼物"直接揭示了谜底，让人有一种恍然大悟、豁然开朗、水落石出的感觉，同时就"礼物"一词进行了适当的拓展。总之，字词的学习不仅注重了循序渐进：字—词—句—篇，同时紧扣课文内容，真正做到了"字不离词，词不离句，句不离篇"。

3. 写字过程的指导耐心细致，强调了汉字的形体结构，注重了方法的指导，同时融入了字理教学，不仅加深了学生的印象，又促进了学生的理解与思考。

三、紧密关联，逐层递进

本堂课教学各环节彼此关联，环环相扣，层层递进，引人入胜。如学完第一组"邮、递、裹、寄、局"等字词之后，过渡到后一组"懊丧、啊"的学习时，不是直接出示，而是通过课件动画的模式进行。老师和学生们一起来拆包裹，既加深了学生们对较难字"裹"的印象，又将其与生活实际紧密关联，同时激发了学生的学习兴趣，这样的学习方式深受学生们喜欢。

这是一堂既扎实高效，又妙趣横生的低年级语文课，设计精巧，结构完整，教学环节紧凑，过渡自然。师生平等对话，学生专注投入，积极踊跃，在轻松愉悦的氛围中完成了整个学习过程，一气呵成，水到渠成，润物无声。教学无痕，但精彩有痕，令人叹为观止，回味无穷！

《那一定会很好》教学实录及点评

点评：湖南省教科院　吴亚西
地点：湖南大学子弟小学

一、绘本导入，初步感知"反复"

师：喜欢听故事吗？

生：喜欢。

师：好，今天李老师会给大家带来一个很有意思的绘本故事，睁大眼睛仔细看哦！（播放课件，师声情并茂地讲故事。）

当约瑟还是娃娃的时候，爷爷为他缝了一条奇妙的毯子，哇，毯子又舒服又保暖，还可以把噩梦通通赶跑。不过，约瑟渐渐长大了，奇妙的毯子也变得老旧了。有一天，妈妈对他说："约瑟，看看你的毯子，又破又旧，好难看，真该把它丢了。"约瑟说："爷爷一定有办法！"爷爷拿起毯子："嗯……"爷爷开始咯吱咯吱地剪，再用针飞快地缝进、缝出、缝进、缝出，爷爷说："这块料子还够做……"

生（齐读）："一件奇妙的背心。"

师：哇，约瑟就穿着这件奇妙的背心去上课啦！可是，时间一长，约瑟的背心就变得——

生1：小了。

师：是的，小了，旧了。我特别喜欢你的参与。妈妈说——请你继续读！

生1："约瑟，看看你的背心！上面沾了胶，又黏着颜料，真该把它丢了。"

师：约瑟说——（翻课件。）

生（齐读）："爷爷一定有办法。"

师：是的，这回，爷爷又拿起了背心。"嗯……"爷爷开始咯吱咯吱地剪，再用针飞快地缝进、缝出、缝进、缝出。爷爷说："这块料子还够做……"

生（齐读）："一块奇妙的手帕！"

师：（笑）约瑟就用这块手帕呀，装他最喜欢的石子，可是时间长了，这块手帕也变得老旧啦……（指生2起立朗读。）

生2："约瑟，看看你的手帕！已经用得破破烂烂、斑斑点点的，真该把它丢了！"

师：约瑟丢了吗？

生（齐答）：没有。

师：约瑟说——

生（齐答）："爷爷一定有办法！"

师：哇，你们真会猜，跟这个故事写得一模一样。爷爷再一次拿起了手帕："嗯，这块料子还够做……"

生（齐读）："一颗奇妙的纽扣。"

师：哇，一颗神奇的纽扣。约瑟用这颗纽扣——（指生3讲述。）

生3：把他的吊带背心给穿得非常牢固！

师：是的（举大拇指），一级牢固。可是有一天，这颗纽扣不见了，这时候，约瑟说……

生（齐答）："爷爷一定有办法！"

师：是这样的吗？（翻课件）他找遍了所有地方，就是找不到纽扣。哎，那颗纽扣没有了、不在了、消失了。即使是爷爷也没办法——

生（齐读）："无中生有呀！"

师：怎么办呢？第二天，约瑟去上学了。"嗯……"约瑟拿起笔来，在纸上刷刷地写着,他说:"这些材料还够……"

生(齐读):"写成一个奇妙的故事。"

师:哈哈,这个故事好玩吗?

生:好玩。

师:这个故事里还有一句反反复复出现的话,还记得吗?

生(齐说):爷爷一定有办法。

师:随着这一句话,这奇妙的毯子就发生了什么样的神奇变化呀?

(生七嘴八舌,师示意举手。)

生:变成了很多东西。

师:怎么变的?

生:先从毯子变成了背心,又从背心变成了手帕,最后从手帕又变成了一颗纽扣。

师:最后还变成了一个?

生(齐):神奇的故事。

师:(笑)是呀,就是发生了这样神奇的变化。有一粒种子呀,也是这样一步一步发生了奇妙的变化,想不想看这粒奇妙的种子?

生:想!

师:那好,今天就让我们走进三年级上册第9课——那一定会很好。(师板书课题。)

二、整体感知,找到"反复"的句子

(一)复习"默读"方法

师:"那一定会很好"?这个题目挺奇怪的。故事到底讲了什么呢?咱们赶紧走进故事吧。谁把读书的要求告诉大家?

(课件出示默读要求,指名读要求:①借助拼音读准字音,把句子读通顺。②想一想,这一粒种子走过了一段怎样的历程。③请找到课文中反复出现的一句话,画上横线。)

师：默读课文？谁知道怎么读？

生：要一眼看几个字。

师：一眼看几个字读得快，这是个好方法。

生：读的时候不能用手指着字，不能读出声音。

师：是的，就是李老师以前告诉大家的：不动嘴，不出声，不指读，一眼看几个字。（课件出示相关方法）这样，才能保证默读的速度。会了吗？

生：会了。

师：好吧，那就开始默读吧！可以拿出你们的笔，边默读课文边完成我们的学习要求。

（生默读，师巡视。）

(二) 检查生字词

师：好的，我看到绝大部分同学已经停笔了。我们来看看第一个任务，字词你们掌握了吗？（出示课件：手推车、旧布料）这两个词语谁来读？请李辰牧吧。他读对了我们就跟着读；他读错了，我们就说：错错错，想一想。

生：手推车。

生（齐）：手推车。

生：旧布料。

生（齐）：旧布料。

师：真不错，接下来这一组词，我请这一组同学"开火车"。

（生开火车读。）

生：缩成一团。

（生齐读。）

生：努力生长。

（生齐读。）

师：这个词中，有鼻音，也有边音，还有后鼻音，可难发音了，再来一次。

（生齐读：努力生长。）

生：吱吱嘎嘎。

师：哇，我发现周多琳同学不光读出了这几个字的字音，还读出了这个词语的意思。是啊，词语是有温度、有情感的，我们能不能也把它的意思读出来？

（生再齐读，绘声绘色。）

（三）整体感知，发现"反复"

师：接下来再来看第二个问题：这粒种子走过了一段怎样的历程呢？

生：这一粒种子从种子变成了一棵树。

师：（板书：种子——树）种子变成了高大的树。接下来呢？

生：从树变成了手推车。

师：（板书：种子——树——手推车）接下来呢？如果他说错，同学们就赶紧说"错错错，想一想"，好吗？

生：然后从手推车变成了一把椅子。

（师板书：种子——树——手推车——椅子。）

生：再由一把椅子变成了美丽的木地板。

（师板书：种子——树——手推车——椅子——木地板。）

师：哦？没有一个同学说错，说明你们的答案都和他的——

生：一样。

师：再看第三个问题——随着这一粒种子神奇的变化，哪一句话一直在反复出现？

生：那一定会很好。

师：出现了几次？

生：4次。

师：数一数自己的语文课本，反复出现的句子画了4次的赶紧坐端正，画少了的赶紧补上。

三、对比朗读，学习第一次变化

师：真好。接下来啊，李老师就要请同学们一起跟随这粒种子神奇的经历去走一走，看一看。让我们先来看看当它还是一粒种子的时候，有什么样的感受。（课件出示片段：种子被泥土紧紧地包裹着，它不得不把身体缩成一团。"这真难受。"）

师：哪一个词能让我们看到种子的感受？

生：紧紧地。

师："紧紧地"是感受吗？

生：不是感受，是形容词。

师：你看有同学要帮助你了。

生：我觉得是"这真难受"。

师：一个词——

生（齐）：难受。

师：到底怎么个难受法呢？谁来读读看。

生（声情并茂）：种子被泥土紧紧地包裹着，它不得不把身体缩成一团。"这真难受。"

（掌声自发而起。）

师：会鼓掌的手是高尚的手，真好！同学们，你们刚刚从哪几个词听出来，这粒种子特别难受？

生（齐）：紧紧地、缩成一团、包裹。

师：那么，所有男同学能不能像她这样，抓住关键词读出种子的难受？来，全体男同学。

（男生齐读。）

师：所以，种子想……（课件出示片段：种子想："我一定要站起来，大口大口地呼吸空气，那一定会很好。"）女同学请——

（女生齐读，读得十分坚定。）

师：种子一边想，一边努力生长，结果呢？

生：长成了一棵高大的树。

师：是呀，种子的愿望实现了，它变成了一棵高大的树。它是那样地兴奋，读吧。（课件出示：高大的树能看到很远的地方，它看见人和动物在山路上走来走去，跑来跑去。）

（生齐读。）

师：现在你们能够联系上下文告诉我，那一定会很好，这个"那"到底指的是什么呢？

生：长成一棵大树。

师：是啊，种子的第一个愿望实现了，它真的变成了一棵高大的树。但是，即使长成了一棵高大的树，它仍然有自己的愿望，那就是……

生（七嘴八舌）：那就是变成一棵会跑的树。

四、示范朗读，学习第二次变化

师：哦，还要变成一棵会跑的树呢?！种子的愿望实现了吗？

生（齐）：实现了。

师：农夫砍了树，做成一辆——

生（齐）：手推车。

师（配乐朗读片段）：农夫把谷子、土豆……，还有调皮的儿子放在手推车上，推着车在山路上跑来跑去。跑起来的时候，手推车听到耳边呼呼的风声，真舒服。

师：喜欢我的朗读吗？喜欢的用动作表示一下。

（生鼓掌。）

师（笑）：是啊，在课堂上，当我们喜欢别人的回答，喜欢别人的朗读的时候，就不要吝啬我们的掌声，好不好？

生（齐）：好。

师：我还想知道得更多一点，到底为什么喜欢李老师的朗读？你最喜欢哪里？

生：李老师把动作都做出来了，而且把每个词的意思也读出来了，感觉非常非常地……

师：好像看到了——

生：一切。

师：谢谢你的表扬，猜一猜李老师为什么能读得这么好。

生：因为李老师课前预习了。

师：你就好像昨天住在我家一样，看到我课前预习了。还有什么原因？

生：李老师把每个字和每个词的意思都表现出来了。

师：再悄悄告诉你们，李老师读得好呀，一个最大的秘密就是我把自己当成了——

生（齐）：种子。

师：还当成了——（指课件。）

生（齐）：手推车。

师：同学们想不想把自己变成手推车？

生（齐答）：想。

师：那就赶紧练习吧。

（生自由练习。）

师：哇，我听到了好多舒服的声音啊！谁把自己变成了手推车？请你来吧。

（生自主配上动作朗读。）

师：哎唷，舒服得都闭上了眼睛，好陶醉呀。（鼓掌。）

师：还有谁想试试？请你来吧，要配音乐吗？这音乐听着多舒服呀！

（生配乐朗读。）

师：呼——呼——的风声，"真舒服"啊！可是……（音乐突然变换，带着淡淡的忧伤）手推车为农夫服务了很多年，它慢慢变老了，跑起来的时候，骨头会——

生（压低嗓音，配合读）：吱吱嘎嘎地响。

师：这时候，那一句话又出现了——

生（齐）：那一定会很好。

五、自主阅读，学习剩余变化

师：这一次的"那"又指的是什么呢？请同学们接着默读剩下的课文，想一想，每一次"那一定会很好"中的"那"究竟是什么。伴随这句话，种子又有了哪些变化。从你的抽屉里拿出学习纸，完成练习。

	心里想	结果
1	我一定要站起来，那一定会很好	长成大树
2	要是能做一棵会跑的树，那一定会很好	被做成手推车
3	要是（ ），那一定会很好	
4	要是（ ），那一定会很好	

（生默读课文，完成学习纸。师巡视，指点：注意写字姿势。很多生学会了找关键词，所以他们完成得很快。）

师：请停笔。谁来告诉我，这粒种子后面的变化是怎样的？

生：它心里想，要是能坐下来，那一定会很好，结果被做成一把椅子；它又想，要是能躺下来，那一定会很好，结果被做成美丽的木地板。

师：答案一样吗？跟她一样的，举手示意。现在李老师跟你们一起合作来读一读，我来读种子的想法，你来读它的结果，好不好？

师：种子想："我一定要站起来，那一定会很好！"

生：结果真的长成大树。

师：种子想："要是能做一棵会跑的树，那一定会很好！"

生：结果真的被做成手推车。

师：种子想："要是能坐下来，那一定会很好！"

生：结果真的被做成椅子。

师：种子想："要是能躺下来，那一定会很好！"

生：结果真的被做成木地板。

师：读着读着，你脑海当中涌出了一个什么成语？

生：如愿以偿。

师：把它写到黑板上去吧。还有吗？

生：心想事成。

生：美梦成真。

生：梦想成真。

……　……

师：黑板上这么多成语，请你们自选一个，把它写到语文课本课题的旁边吧。注意把字写大点，写漂亮一点。

师：如愿以偿，心想事成，梦想成真。看到这一粒种子的经历，你有什么想说的？

生：我觉得这粒种子是一粒有魔法的种子，它想到的都做到了。

师：有魔法的种子，这种魔力就是童话的魔力。而且你知道吗？这粒种子的魔法全来自它的——

生：想象力。

师：准确地说，是它的梦想，正是因为它敢想，才会有这么好的——

生（齐）：结果。

师：所以，我们呢？

生：我们也要做一个有梦想的人。

师：是啊，先有"梦想"，才有"成真"的未来；先有"心想"，才有可能"事成"。

生：就像一句广告语：心有多大，舞台就有多大。

生：我们要做一个敢想，而且要努力去完成理想的人。

师：敢想敢做，把握未来，真好！

六、拓展、创作，学用"反复"

师：同学们，课文呈现出一个非常有意思的道理，作者是用哪一句话步步推出的呢？

生（齐）：那一定会很好。

师：太妙了。你们不光读懂了课文，而且还找到了作者的写作密码——

（板书：运用反复强调主题。）

师：你们会用这个秘密武器了吗？瞧，我又带来一个童话故事，故事的名字叫作——

生（小声齐读）："不屈的小蚂蚁"。

师：你们没有这只小蚂蚁勇敢？故事的名字叫作——

生（大声齐读）："不屈的小蚂蚁"。

师：这只不屈的小蚂蚁身上会发生怎样的故事呢？他会重复说哪一句话来表达故事的主题呢？自己读一读，跟同桌讨论一下。

（课件出示：

不屈的小蚂蚁

夏日炎炎，一只在草地中歇凉的小蚂蚁迷路了。草地对于他来说是一个密林，但是他坚强得如一位游侠，努力寻找着回家的路。

小蜗牛好心地说："我知道你的家。"……结果，小蚂蚁跟着蜗牛误入菜心……

小蚂蚁坚定地说："＿＿＿＿＿＿＿＿＿＿。"他爬呀爬呀，爬出了迷宫似的菜心。小蚯蚓扭着身子过来啦："你的家在地下，让我给你带路吧。"……结果，小蚂蚁掉下了深坑……

小蚂蚁坚定地说："＿＿＿＿＿＿＿＿＿＿。"他爬呀爬呀，爬出了深坑，遇到了住在自家附近的"巨人"。小蚂蚁跟在巨人后边，突然遭遇了水淹……

小蚂蚁坚定地说："＿＿＿＿＿＿＿＿＿＿。"在树叶姐姐的帮助下，小蚂蚁爬出了"大河"，他惊喜地发现，湖边有一队蚂蚁正来来往往运粮食呢。"哇！哥哥姐姐们！等等我……"

小蚂蚁跟着哥哥姐姐们，终于回到了自己的家。）

师：是哪一句话？跟大家交流一下。

生：对不起，这不是我的家。

师：嗯，这样反复出现的一句话确实能推动故事的发展。但是，再看看这篇童话的题目——

生（齐）："不屈的小蚂蚁"。

师：所以是不是还可以再改一改？

生：小蚂蚁坚定地说：我一定会找到自己的家。

师："坚定、一定"，确实是一只不屈的小蚂蚁。还有吗？

生：小蚂蚁坚定地说：我是不屈的小蚂蚁。

生：小蚂蚁坚定地说：我一定能逃出去。

生：小蚂蚁坚定地说：我一定能找到家的！

师：是呀，这些句子都能让我们看到一只——

生：不屈的小蚂蚁。

师：正是这反反复复的一句话，让我们感受到了小蚂蚁的不屈，这就叫作——

生（齐读板书）：运用反复，强调主题。

师：亲爱的同学们，反复也是童话作家写作时最喜欢用的一招，很多童话故事当中都有反复这个写作秘诀，比如说我们前两天刚学的一篇课文——

生（齐）：《去年的树》。

师：还记得《去年的树》是怎样运用反复的吗？

（生阅读课文，仔细回忆。）

生：它采用了一问一答的方式。

师：它的结构也运用了反复，是吧？你真会发现，把掌声送给他。

（生鼓掌。）

师：还有吗？请你说。

生：都是反复问一个问题。

生：都是一直在找它的好朋友树。

师：对呀，就是在这一次次反复的提问中，鸟儿完成了自己的心愿——找到去年的树。它先是问——

生：树根。

师：接着问——

生：大门。

师：再接着——

生：问女孩。

师：通过反复地问，推进了故事的情节。但是，不管是推进情节，还是强调主题，这都是童话故事中运用反复达成的效果。同学们，不知不觉当中我们就变成了童话大王，不仅会读故事，会讲故事，而且还会——

生（齐）：写故事。

七、课外延伸，再寻创作密码

师：在这篇童话故事当中，还存在着很多很多秘密，想不想去了解？那好，今天回家，就请同学们自己再来读一读这篇课文，看看除了反复，这个故事中还藏着哪些童话创作密码？这个单元有许多童话故事，和《那一定会很好》相比，这些童话又有哪些相同和不同呢？这些都留给你们课后去探究，下节课再告诉我答案，好吗？

生（齐）：好。

师：今天的课我们就上到这里，同学们再见。

[板书设计]

> 9＊那一定会很好
> 种子——树——手推车——椅子——木地板
> （心想事成、梦想成真、美梦成真……）
> 运用反复，突出主题。

点　评

《那一定会很好》是统编语文教材三年级下册童话单元中的一篇略读课文。课文讲述了一粒种子怀揣梦想，逐步变化成树、手推车、椅子、木地板的过程，生动地呈现了"梦想成就未来"的力量。课文充满想象，语言简洁，用反复出现的一句话——"那一定会很好"贯穿始终、凸显主题，极具童话文体色彩。

那么，童话课文怎么教？李虹老师首先是在读读听听中让学生听出童话味。这粒种子经历了四次变化，前两次变化，老师没有进行内容的分析、词语的解析，而是运用对比读、示范读、配乐读、表演读等形式让学生感受童话人物的心情和心理活动；后两次变化，采用学习纸的形式放手让学生自读，通过对角色"心里想"和"结果"的对照，自然而然地让学生感受到"梦想成就未来"的力量。

其次，在读读写写中，让学生初步了解童话故事的结构特点，并尝试着练习在童话故事中用反复出现的一句话来强调主题。为此，李虹老师在课始便用和课文具有相同结构的绘本《爷爷一定有办法》导入，让学生初识反复，然后，让学生在课文中找到重复出现的一句话。在课末，与同单元课文《去年的树》对比反复结构的异同，同时，自己创作一句重复出现的话，强化童话故事《不屈的小蚂蚁》的主题。

从实际教学来看，学生们感受到了童话的神奇，并初步掌握了童话的"反复"结构这一知识点。教学有得有失，但最重要的是应该保持一颗童心来教学，这样才可以站在学生的角度去解读童话，陪伴着学生们走进童话世界，与学生们一起分享其中的喜怒哀乐，帮助学生实现心灵的成长。

《方帽子店》教学实录及点评

点评：湖南一师一附小　田地
地点：湖南一师一附小

课前谈话

师：你们以前见过我吗？但我却认识你们中的很多人！不信？我知道你们班的班长叫秦晓晓，名字小小，能力大大！我知道李玥是你们班的"故事大王"，前两天在班级故事会上夺了冠，对吧？还有，那个个子最高的女孩请站起来，我知道你的名字——唐语禅！

哈哈，意想不到吧！（板书：意想不到。）

｜点　评｜

情趣是课堂的催化剂，课前谈话通过讲述学生"意想不到"的事件，创设了"意想不到"的氛围，激发了学生对课堂的探索欲。

一、揭题解题，引入"意想不到"

师：在今天的课堂中，我们还会遇到哪些"意想不到"呢？首先让我们来看一个非常有意思的故事，故事的名字叫作？（课件出示：方帽子店。）

生（齐）：方帽子店。

师：看到这个课题，觉得奇怪吗？有什么意想不到的地方？

生：我觉得这个"方"字很奇怪。我们现在很少有人戴方帽子呢。

师：对呀！和我们现在完全不一样，真奇怪。

生：难道戴方帽子很舒服吗？

师：确实不习惯。

生：方帽子店是不是只卖方帽子呢？

师：是呀！要不然怎么在帽子店前加了一个"方"字。再告诉你们一个意想不到的地方，这个课题中有一个字，据说80%的人都会写错。

生（齐）：帽。

师：为什么？书写的时候会错在哪里呢？

生："冒"的上面是"日"，下面是"目"，不要多写或少写一横。

师：亲爱的同学们，"冒"的上面可不是"日"哦，再仔细看看，你们会发现有两横是左右不靠的。

师：瞧，我们也跟那80%的人一样犯了错误，是不是意想不到？来吧，让我们一起写好这个字。

师：右上部分扁扁的，像一顶帽子，两横既不靠左，也不靠右。

（师板写，生书空。）

师：一个课题就让我们觉得如此不可思议，我想故事当中一定有更多的有趣情节在等着咱们。

| 点 评 |

教师抓住了课题"方帽子"与学生生活认知的"圆帽子"的矛盾，及"意想不到"的生字书写，突显"意想不到"的故事基调。

二、整体感知，简述"最意想不到的地方"

（一）默读课文，整体感知

师：默读课文，注意读准字音，读通句子，在你最意想不到的地方画一个笑脸。(课件出示:默读课文。①把字音读准,把句子读通顺。②在你最意想不到的地方画一个笑脸。)

(二)检查生字,发现规律

师:这组词,谁会读?

(课件出示:橱窗 香蕉 圆筒)

生:橱窗、香蕉、圆筒。

师:哇,完全正确!"橱、蕉、筒"是本课的生字,你们是如何准确地记住它们的呢?有什么好办法吗?

生:我们老师教过我们,它们都是形声字。

师:根据形声字的特点来识字是学习生字的最佳办法,再来一组词语。

(课件出示:嚷嚷 一溜烟)

生:嚷嚷、一溜烟。(生读错。)

师:听我来读读,咱们读的一样吗?意想不到吧!多音字,一定要注意它在词语中的不同读音,不能用以往的旧印象来读新词。每个词再读两遍。

| 点 评 |

本文是略读课文,在字词学习上做到了略处理。教师根据字词的特点进行了梳理,为复述的表达扫清了生字障碍。

(三)聚焦"意想不到",概括全文

师:再看看这个故事中什么地方最让你们意想不到。为什么。

(生读第三自然段。)

师:能用一句话说说为什么最意想不到吗?

生:为什么只做方帽子啊?

师:好的,第一个意想不到诞生了。(相机板贴:帽子店只做方帽子)还有吗?

生：这里说孩子们做出了各种各样的帽子。小孩子们怎么会做成那么多的帽子？

生：前面不是说大家只买方帽子吗，后来为什么又都去买新帽子了呢？

生：方帽子店主人的儿子也戴了圆帽子！

师：是啊，别人家是上阵父子兵，他家是父子对台戏！

生：大人们为什么只买方帽子呢？

师：习惯不改，太让人头疼！还有结局，方帽子店怎么样了呢？

生（齐）：方帽子成了古董。

师：根据同学们精彩的回答，我已经把这六个"意想不到"贴在黑板上，请看。（师板贴：帽子店只做方帽子、小孩子做出圆帽子、新旧帽子店竞争、自己儿子也戴圆帽子、大人们只买方帽子、方帽子成古董。）

师：但是，好像很乱。谁能按照故事发展的先后顺序，给这些情节排排队呢？

（一生上台排序。）

师：看，这样一排队，故事的前因后果就非常清晰了。现在就让我们借助这六个"意想不到"来说说这个故事的主要内容。

生：方帽子店只做方帽子，大人们也只买方帽子。可是小孩子们做出了新的圆帽子，连方帽子店主人的儿子也戴圆帽子。后来，方帽子店旁边又开了一家新帽子店，新旧帽子店竞争，最后大家都去买新帽子，方帽子成了古董。

师：哇！太了不起了。你怎么一下子就能把故事的前因后果说得这么清楚呢？

生：因为黑板上有这些关键提示啊。

师：你很聪明。以后概括故事主要内容的时候，我们也可以像这样先找出主要情节，再把这些情节串联起来，这样整个故事的脉络就清晰了。可是，仅仅做到这一点，我们的课就上完了吗？

生（有些犹豫）：没有。

| 点　评 |

　　复述故事的前提是把握故事主要内容。本文篇幅较长，李老师通过列小标题的方式，帮学生厘清了故事的主要情节。再通过让学生给小标题排序及讲述，帮学生整体地把握了故事的主要内容。

三、示范指导，学习"用自己的话复述"

（一）弄清复述要求

师：这是一篇略读课文，你们知道略读课文的学习要求都藏在哪里吗？
生：课文导读里。
师：课文导读还提了什么要求？（指名读：默读课文，说说故事中的哪部分内容是你最意想不到的，再用自己的话复述这个部分。）
生：用自己的话复述这个故事。
师：怎样说才叫作"用自己的话复述"呢？
生：用自己的话重新讲一遍。

| 点　评 |

　　略读课文中的学习提示语既是对学生的自读提示，也是教师教学的依据。在此，李老师带领学生明确了学习要求，直奔重点：说一说，找一找自己最意想不到的部分。充分体现了教师对略读课文教学目标把控的准确性。

（二）学习复述方法一：表述方式不同

师：我喜欢你用的这个"讲"字。讲一遍不是"读"一遍，也就是说在讲故事时要用上不一样的表述方式。（板书：表述方式不同。）

1. 教师示范表演。

师：比如说故事的开头，书上是这样说的——（课件出示：这家帽子店从来没有做过别的帽子。他们的橱窗里都是方帽子。第一顶是方的，第二顶是方的，第三顶还是方的……）

师：我会这样说——（课件出示：从前呀，有家方帽子店，他们从来没有做过别的帽子。不信，你去他家橱窗看看：第一顶，方的；第二顶，方的；第三顶、第四顶、第五顶……天啊，全是方的！）

师：喜欢听老师这样讲故事吗？

生：喜欢！

师：为什么？

生：因为老师讲的和书上的不一样，很有趣。

师：是啊，用自己的话来讲，就可以变成自己的独家版本，而且这样讲故事比背书更简单，更容易，想不想尝试尝试？

生：想！

2. 学生自主练习。

师：接下来这一段就留给你们吧！书上这样写，你会怎么讲？自己先练习。（课件出示：书上是这样说的——问他们为什么只做方帽子，他们总是这样回答："我们从来都是做方帽子，方帽子才是好帽子，不能改的。"我会这样说——）

生：不管你问多少遍，他们总是这么回答："我们永远都是做方帽子，方帽子才是好帽子，千篇一律，不能改的。"

师：真好，这位同学抓住"问""回答"这样的关键信息，还创造性地加入了"不管""永远""千篇一律"这些用于强调的词语，就把固执的大人带到我们面前了。不过，"千篇一律"是个贬义词，大人们可不会自己贬低自己。大家一起帮帮忙，再把这个词换一换。

生：千年不变！

生：祖传秘方！

（生大笑。）

师：真好，我喜欢你们幽默的表述！谁还想再来挑战一下？

生：你要是问他们为什么只做方帽子，他们总是说他们一直以来都是只做方帽子，不能改！

师：谁听出来了，这个同学除了改变了说的内容，还把什么也改了？

生：他把"我们"变成"他们"了。

师：你有一对很会听的耳朵！是啊，这种转述别人语言的方式叫间接引语。我们在讲故事时为了转述方便经常会这样改。比如《慢性子裁缝和急性子顾客》，就有这样的转述表达。

(三) 学习复述方法二：加上表情动作

师：除了表述方式不一样，怎样复述故事还可以更生动？

生：加上动作表情。

师：动作表情其实就是一种体态语，它可以帮我们把书上的文字变成会动的文字。我在书上找了两段对比很明显的话——瞧，对于方帽子，大人和小孩的态度完全不同。(课件出示：做帽子的人做方帽子，买帽子的人买方帽子。我们常常可以看见戴着方帽子的人在马路上走着。他们圆圆的脑袋藏在方帽子里，紧的地方太紧，宽的地方太宽，冬天戴着不太暖，夏天戴着却热得满头汗。舒服吗？真不舒服！

小孩子们可不喜欢戴方方的帽子，他们喜欢用纸做出圆的、尖的、香蕉形的帽子，戴在头上，又舒服又漂亮。)

1. 师示范。

师：我们来 PK 一下，好吗？我是大人，大人有大量，让你们先选。

生(齐)：第二段！

师：哇！你们好狡猾，大人的这一段好长啊！那，我可以这样说吗？做帽子的人做方帽子，买帽子的人买方帽子。哎呀，戴着一点儿都不舒服！

生：这太简单啦，没人喜欢听！

师：那哪些重要细节不能丢呢？

生：他们的圆脑袋藏在方帽子里，紧的地方太紧……那一段不能丢掉的。

师：为什么？

生：因为这样才能让我们看到大人们真的好傻！

师：是啊，复述故事可不能遗漏重要细节。（板书：不漏重要细节）那，再帮帮我，你们觉得在讲哪些重要细节时可以加上动作？

生：我觉得讲"圆圆的脑袋"和"方帽子"时可以做动作。

师：没错，这样可以形成鲜明的对比。还有哪些对比可以用动作强调呢？

生：还有紧的地方"太紧"，宽的地方"太宽"也是对比。

生："不太暖"和"满头汗"也是。

师：好的，那我把你们提醒的重点词标记出来。（课件出示：做帽子的人做方帽子，买帽子的人买方帽子。我们常常可以看见戴着方帽子的人在马路上走着。他们圆圆的脑袋藏在方帽子里，紧的地方太紧，宽的地方太宽，冬天戴着不太暖，夏天戴着却热得满头汗。舒服吗？真不舒服！）

师（示范表演）：话说那做帽子的只做方帽子，这买帽子的也只买方帽子。所以一年四季，你都能在马路上看到许许多多戴着方帽子的人。他们圆圆的脑袋藏在方帽子里，紧的地方太紧，宽的地方太宽，冬天戴着呼呼——灌冷风，夏天戴着满头汗。你问舒服吗？唉！4个字——真不舒服！5个字——

生：一点不舒服！

2. 生练习。

师：接下来，轮到你们啦。提醒一下自己，哪些关键词可以用动作来表现，在你们的书上圈出来。

（生圈画。课件展示：小孩子们可不喜欢戴方方的帽子，他们喜欢用纸做出圆的、尖的、香蕉形的帽子，戴在头上，又舒服又漂亮。）

（生各自练习，师指名2人上台表演。）

师：你们瞧，先圈画出关键词，再加上表情动作，这样讲故事既有趣又生动。抓住关键信息，用自己的话来复述故事，大家都学会了吗？

生：学会了。

| 点　评 |

　　学会讲述故事是落实本单元语文要素的关键。李老师在这个环节中再次回顾了《慢性子裁缝和急性子顾客》中"转述"这一表达方式，以便复述时迁移运用。还根据《方帽子店》中的人物特点，让学生尝试加上动作表情，使复述更为生动有趣。

四、自选片段，练习"用自己的话复述"

（一）自选片段，充分练习

师：学了不用等于白学，接下来让我们学以致用，从板书中的六个"意想不到"当中任选一个你最意想不到的部分，先读一读，再用自己的话复述故事。（课件出示：选择你最意想不到的部分，先读一读，再用自己的话复述故事。请注意：①抓住关键细节；②不照书念，用自己的方式表述；③适当地加上表情、动作。计时5分钟。）

（二）学生上台展示

生1、生2（上台）：我们想讲"自己儿子也戴圆帽子"这一段。我是爸爸，他是儿子。

（生笑。）

生1（生气）：你怎么戴上圆帽子了……

生2（开心）：圆帽子戴起来又舒服又漂亮……

师：有没有用上自己独特的表述方式？有没有遗漏重要的情节？表情动作呢？如果五星是最高星的话，你们给他俩评几星？为什么？

生：五星！

师：我还要给他们再加上一颗星，因为他们还跟我们前面的表演不一样——

生：他们是两个人。

师：是啊，原来还可以分角色来复述故事，这种表述方式不仅是语言的改变，更是形式上的改变。

| 点 评 |

  本单元中的语文要素指向详细复述故事，这对三年级学生而言是有着不小的难度。在学生复述时，老师根据本文复述的教学目标"不同的表述方式""不遗漏重要情节""有表情动作"进行评价。这样及时且目标明确的评价会有效激发学生取长补短的意识，更能激发学生自主实践复述表达的积极性。

生：我选择"新旧帽子店竞争"来复述。

师：哇！这个同学很勇敢，敢于挑战难点，这一部分很长很难讲，你们有什么好的建议？

生：我觉得既然是"新旧帽子店竞争"，就要抓住它们之间的对比之处。

师：你的这个建议很给力。来，我们一起帮帮忙，把新旧帽子店的对比之处填进这个表格里。

（师生一起填表格。）

不遗漏重要情节

对比	新帽子店	方帽子店
摆放	各式各样没有……	方方正正没有……
广告	专卖各式各样的舒服的好帽子	专卖从不改变的方的好帽子

师：现在借助这个表格来讲故事，难不难？

（生开始讲述，绘声绘色。）

师：这么有趣的故事，只听一段太不过瘾。回家之后啊，你们还可以照样子把关键情节做成一个表格，借助这个表格把故事串联起来，从头至尾，绘声绘色地讲给自己的爸爸妈妈听。

| 点　评 |

　　这个环节是实践运用环节，学生自主选择"最意想不到"的部分进行复述，李老师循沿表格这一支架展开复述指导。《方帽子店》主要是通过对比的手法来表现新旧事物的不同与更替的原因，于是让学生选择"方帽子"和"圆帽子"的不同之处为要点，到文中提取重要信息。这样根据课文特点设计表格内容，落实了学法的指导，也链接了精读课文的复述方法，巩固了学生的复述能力。

（三）揭晓故事深意

师：谢谢同学们，给我们讲述了一个个如此生动有趣的故事。不过，老师一直有件事想不明白，方帽子店主人及大人们为什么觉得只有方帽子才是好帽子呢？（课件出示：①因为方帽子很漂亮；②因为方帽子戴着很舒服；③因为一直以来都是这样的。）

生：因为一直以来都是这样的。

师：所以，哪怕冬天戴着方帽子冷风直灌，夏天戴着方帽子满头大汗，大人们也想都不想。没毛病，因为——

生：一直以来都是这样的。

师：所以，当街上出现了圆帽子的时候，大人们更是惊慌失措："天啦！快快把它丢掉！不懂事的孩子！只能戴方帽子！"这都是因为——

生：一直以来都是这样的。

（四）联系生活实际

师：是不是觉得这些大人们太傻、太固执了？是不是觉得这个故事太荒诞了，生活中根本不可能有这样的人和事。可我要告诉你们，在历史上、在生活中，我还真的见过许许多多和《方帽子店》里一样的人和事。意想不到吧？

师（课件出示旧时女人"三寸金莲"图）：你瞧，这是李老师的太奶奶。

你们觉得她哪个地方看着最不舒服？

生：她的脚。

师：是啊，好小的脚，旧时称"三寸金莲"。旧时候人们认为女人的脚越小就越漂亮，女人三岁就开始裹脚，一直裹成这样——四根脚趾全部弯到脚心。美吗？

生：不美！

师：舒服吗？

生：不舒服！

师：可为什么那时候所有的女人都要裹脚呢？

生：因为她们认为一直以来都是这样的。

师：李老师的爸爸妈妈出门一定要带钱，带看得见、摸得着的钱，要不他们就觉得寸步难行。因为从古至今——

生：一直以来都是这样的。

师：可现在呢，出门带上什么就可以了？

生：手机！

师：再以后呢，我相信肯定连手机都不用带了。所以说，时代在发展，我们也要_____。

生：时代在发展，我们也要发展。

生：时代在发展，我们也要改变。

生：时代在发展，我们也要更有创造力。

生：时代在发展，我们也要与时俱进。

师：真好，你们不仅复述了这个有趣的故事，还开始思考笑声背后的东西。亲爱的孩子们，让我们一起记住——（课件出示课文导读页：有趣的故事，留下的不仅是开心的笑声，还有许多思考。）

| 点 评 |

"双线组元"下的单元整体教学，需特别关注人文主题。李老师在这个环节中，联系生活中"意想不到"的现象作为有效途径，引导学生在讨论、交流、

思辨中提高认识、发展思维，懂得"时代在发展，我们也要与时俱进"的道理，实现人文工具的两相交融。

[板书设计]

```
             26 * 方帽子店
   意想不到              用自己的话复述
   帽子店只做方帽子       表述方式不同
   大人们只买方帽子       加上表情动作
   小孩子做出圆帽子       不漏重要细节
   自己儿子也戴圆帽子     借助表格串联
   新旧帽子店竞争
   方帽子成古董
```

―――――― 总 评 ――――――

在整堂课中，李老师让学生徜徉在故事的乐园中，享受了阅读故事、讲述故事的快乐。作为本单元的第一篇略读课文，使用了前一篇精读课文《慢性子裁缝和急性子顾客》"借助表格复述故事"的复述支架，在反复实践和迁移运用中提升了复述能力，有效落实了语文要素。充分发挥了略读课重学习运用的教学功能，体现了统编教材精读课文"教策略"、略读课文"用策略"、单元主题一脉相承的宗旨。

《母鸡》教学实录及点评

点评：长沙市岳麓区小语教研员　熊社昕
地点：长沙市溁湾路小学

课前谈话

师：同学们好！

生：老师好！

师：同学们真精神！

生：老师真精神！

师：同学们很可爱！

生：老师很可爱！

师：哈哈，可爱这个词用在老师身上可不太准确，换一个字，可——

生：敬。

师：对我有这么高的评价，谢谢你们！

师：同学们真聪明！

生：老师真聪明！

一、谈话导入，板书课题

师：好，同学们请坐！上课之前，我们已经互相"吹捧"了一番。那么下面我想请聪明的你们猜猜看，李老师今天要和大家一起学习哪一篇课文。

生：《母鸡》！（生看着课件上的课题，整齐洪亮地回答。）

师：很好。会观察也是聪明的表现。现在请同学们伸出你们的右手食指，和老师一块来写课题。

（师板书：母鸡，强调"母"的笔顺。生手指书空课题。）

师：老师写得怎么样？

生：很好。

生：不好。

师：有不一样的声音，不好在哪里？

生：鸡的"又"写小啦。

师：（仔细端详了一下，觉得有理）真的，我喜欢在学习中说真话的孩子，你能帮我进步。（师重新书写"鸡"。）

二、初读课文，初步了解作者情感变化

师：前两天我们学了老舍先生的《猫》，真切地感受到了老舍先生对动物的喜欢。《母鸡》也是一篇写动物的文章。老舍对母鸡又有怎样的情感呢？请同学们自由地读课文，注意读准字音，把句子读通顺，同时找出直接表达老舍情感的句子，画上横线。

（生自由读课文。）

师：那边的女孩子第一个举手，请你来。

生：我不敢再讨厌母鸡了。（生用长沙口音的普通话回答。）

师：找到地方了。但是如果你能用标准的普通话再来读一遍，我就把大拇指送给你。

（生再说了一遍。这一次字正腔圆，真的很棒。师大大表扬一番。）

师：我们来看看这句话：我不敢再讨厌母鸡了。这个句子中的"再"字说明了什么呢？

生：说明老舍以前很讨厌母鸡，可是现在不敢讨厌母鸡了。

师：你很聪明，通过一个字就读出了老舍情感的前后不一致。（板书：讨

厌——不敢再讨厌）谁能够把老舍这种由讨厌到不敢再讨厌的情感变化读出来呢？

（一生自信满满地读。）

师：一个"不敢"让我听到了他的内心对于母鸡的尊敬。谁还想来试试？

（一生把"再"读得特别有感情。）

师：她强调了一个"再"字，马上就让我们感受到了老舍情感的变化。来，全班一起试试。

（全班有感情、声音洪亮地朗读。）

师：有谁能找到和这句话相照应的句子？

生：现在我改变了思想。

师：想一想，相照应的句子应该有什么特点。

生：应该是句子中有很多相同的地方。

师：是的，句式差不多，内容相类似。所以你再去找一找。

师：谁找到了？

生：我一向很讨厌它。

师：同意吗？

生（异口同声）：同意！

师：我们一起用横线把它画下来。画完之后，自己还可以读一读。你们觉得这句话在读的时候要强调哪一个字或词呢？

生：我觉得要把"一向"突出。

师：请你试着读一读。

（生读。）

师：你们感受到什么？

生：我感受到了他非常非常非常非常讨厌母鸡，一点儿也不喜欢母鸡。

师：一连用了4个"非常"来表达讨厌的情感，可见程度之深。没错，我们语文有的时候就是靠声音传情的，我们通过朗读就能让别人知道我们内心的情感。这是一件多么好的事情啊。下面我就请男同学来读读第一句，女同学读读第二句。我们一起用自己的声音来传情，想一想，你应该表达一种怎样的情感。

（男女生分角色朗读。）

师：男生的这种愤慨和女生的温柔都让我感受到了老舍这种不一样的情感。那么究竟是什么事情让老舍改变了心思，让老舍对母鸡的情感发生这么大的变化呢？下面就请同学们默读课文，找到能揭示老舍情感变化的过渡句，并且动笔把它画下来。（走进生中巡视，对于读完坐好的生给予表扬。）

师：我就近找人回答，请你来。

生：可是，现在我改变了心思，我看见一只孵出一群小雏鸡的母鸡。

师：也认为是这一句的同学请举手。咱们一起来读一读这句话。

（生读。）

师：非常棒！我们知道了老舍之所以改变心思是因为——，你来。

生：我觉得老舍改变心思的原因不在这一段，而在第9自然段。（生很自信地把这一段读出来了）因为母鸡的伟大、负责让老舍改变了心思。

师：所以你认为这是让老舍改变心思的直接原因。她是一个有自主精神的孩子，我们要把掌声送给她。但是李老师问的问题是课文中哪一句过渡句直接告诉我们老舍先生改变了心思。同学们找到的这一句话更准确。从这一句中，我们明白了老舍之所以改变心思是因为他看见母鸡——

生：有了一群小雏鸡。

师：（板书：小雏鸡）雏鸡是什么意思？

生：幼鸡。

生：鸡宝宝。

师：我听到了，大家意见差不多，都是说刚出生不久的小鸡。那鸡雏呢？

生：一样的。

师：哦，也是刚孵出来的小鸡。你看两个字的位置交换了，但是意思却没有改变，这就是中国汉字的精妙之处。

三、品读重点段落，体会情感

师：好了，现在我们已经知道了老舍改变心思的原因。一只有了小雏鸡的母鸡究竟有什么魔力让老舍的态度从前到后发生如此大的转变呢？我想咱们还得细细地来读课文。首先我想请同学们看看课文的第5自然段。谁来读一读？

（生认真地朗读。）

师：请把掌声送给她。知道为什么吗？

生：因为她很有勇气。

师：是的，尤其在其他同学低声笑她时，她还很勇敢地坚持下来。但是同学们之所以用笑声来给你提意见是因为你还有些字词读得不够准确，如果以后读书读得更准确一点，同学们一定会用热烈的掌声来鼓励你。

师：谁能再来读一读，要求读正确，读流利。

（一生读流利、读正确了。同学们不由自主地鼓掌。）

师：太棒了！读书的基本要求达到了，但是如果想要吸引别人，我们还要读得有感情。老师给你们机会，我们试着边做动作边朗读第5自然段的第一句话。用你们的声音和动作把它变成一幅画面。先自由练习。

（生一个个跃跃欲试，自己找搭档练习。）

师：看大家读得挺热闹的，我想请两位同学上来表演表演。

（师请出两位"鸡妈妈"。出乎同学们的意料，请出两位男生当鸡妈妈。）

师：刚刚在下面李老师就发现，这两位同学身上有一股魔力，摇身一变就成了鸡妈妈。所以李老师来读一读这句话，请这两位"鸡妈妈"给我配上动作。

（师范读第5自然段，生做出雄赳赳、气昂昂，一副天不怕地不怕的样子。师生都不由自主地鼓掌。）

师：我想采访一下这两位"鸡妈妈"，世界上真的没有什么可怕的东西吗？

生1：没有。

生2：还是有的，但是为了我的小雏鸡，我也顾不得害怕了。

师：下面的同学也来说说：对母鸡而言，世界上真的没有什么可怕的东西吗？

生：我认为应该有。大公鸡、蛇、老鹰都会让鸡妈妈害怕。

师：天哪，世界上可怕的东西太多了。但是我发现讲台上的两位"鸡妈妈"，还有下边很多"鸡妈妈"都做出了世界上好像没有什么可怕的东西的样子。"鸡妈妈"们，请你们告诉我，你们为什么要做出这样的表情呢？

生：我在老家看见过母鸡保护小鸡，母鸡是不想自己的小鸡受到任何伤害的。

师：有生活的体验，难怪他表现得这么好。正是因为这一份浓浓的母爱和责任让平常胆小的母鸡变成了无所畏惧的勇士。

师：让我们用掌声把两位"鸡妈妈"送回座位。

师：通过刚才表演读，通过采访，我想我们已经深刻体会到了这只母鸡的心思。我认为这个时候它可能在想——

生：它可能在想一个母亲如果没有勇敢地站出来，它的孩子又怎么会勇敢呢？

师：看到了吗？一个反问句就把母爱淋漓尽致地表现出来。刚才我们就是这样在字里行间寻找，或通过切身体会设身处地地去想，把母鸡的心理活动揭示了出来，这是一种非常好的读书方法。我记得著名的文学家海明威说过这样一句话："好的文学作品是漂浮于大洋上的冰山，我们直接看到的只是露出水面的八分之一，还有八分之七掩藏在文字后边。"所以，歌德也告诉我们："要学会用两只眼睛读书，一只眼睛读纸面上的话，还有一只眼睛要看到纸背后的东西。"其实就是要揣摩文字当中没有直接表达出来的含义。所以接下来，老师也请你们用两只眼睛来读一读第5自然段的第2句。

（生自由朗读。）

师：好，我们已经用一只眼睛读了纸面上的话了，那么下边我想请同学们告诉我，当真的有什么可怕的东西来临的时候，母鸡是怎么做的？

生：随时准备作战。

生：咕咕叫，让小鸡雏们躲到身边来。

师：这一切表现用课文中的一个词来概括就是——

生：警戒。

师：警戒是什么意思？

生：就是把自己的注意力集中到某一个事物上，加强防备。

师：说得真好！就是加强防备，随时准备作战。那么我们来看一看，母鸡为什么警戒？

生：是因为不想让自己的小鸡宝宝受到伤害。

师：那么它为什么要歪着头听？

生：它是想听清楚一些。

师：就请同学们这样警告自己的小鸡雏们，我们一起来读一读。

（生配着动作读，但是情感不到位。）

师：很遗憾，同学们没有把自己当成真正的母鸡。李老师现在快要当妈妈了，我在读这一段话的时候就真正地把自己当成了这只母鸡。我边读边想：它究竟会想些什么呢？于是，我写下了这样的一段话——（课件出示《母鸡的自白》，师配乐讲述。）

啊！我当妈妈啦！看着孩子们在我身边叽叽喳喳地嬉戏、啄食，我就高兴得直打战。"唑唑"，天哪，这是什么声音？我的心怦怦直跳，我感觉自己的心尖都在颤抖。是谁？哦，是讨厌的老鼠、邻居家的大黄狗，不会是凶恶的黄鼠狼吧？我的脚都发软了，可是，小花身体太弱，小白长得白胖胖的……每个孩子都是我的心头肉啊！不！不行！我要奋力保护它们！我必须挺起胸，挖起羽毛，随时准备和它们搏斗。

（一片掌声。）

师：为什么给我鼓掌？

生：因为你读得很有感情。

师：我有感情是因为————

生：你把自己当成了鸡妈妈。

师：是呀！这就是我设身处地的自白。你们觉得这段自白写得怎么样？请你们来评一评。

生：写得很好，有很多很多的地方可以突出母鸡的心情。

师：谢谢你这么高的评价。很多很多地方，你能具体谈一处地方吗？

生：心尖颤抖，你读得我心尖都在抖啦。

（听得师笑。）

师：谢谢你的评价，还有写作方面的点评吗？

生：你前面是非常害怕黄鼠狼的，可是因为有了小鸡雏，就变得非常勇敢，准备着跟黄鼠狼它们搏斗。

师：她有一双慧眼，她看到了这一段自白中前后的对比。正是有了这样的对比，心理活动就更真实，也更生动了。猜猜李老师为什么写得这么好。

生：你把自己当成了母鸡。

师：这是妙诀之一，一定要设身处地。你说。

生：因为你要当妈妈了。

（生笑。）

生：你体会到了母鸡的感觉。

师：同学们都说得非常好。更重要的是李老师是在用心读书。所以当我读到课文中写母鸡歪着头听时，我马上就猜测它听到什么、在想什么，接着就有了我写的这一段话。我希望同学们也能够用这样的方法读一读课文的第6自然段。首先请大家自由地来读一读，告诉我这一段话主要写了些什么。

（生自由朗读课文。）

师：大家读得可热闹啦！这一段话主要写什么？

生：主要写了小鸡吃东西。

师：我知道了，这一段主要是围绕"吃东西"来展开的。主角有母鸡和小鸡。把这三个词连起来——

生：小鸡和母鸡吃东西。

生：母鸡让小鸡吃东西。

师："和""让"，你们觉得哪个词更准确？

生（齐答）：让。

师：是啊，一个"让"字让我们看到了母鸡的伟大。所以你看一个简简单单的喂食，就让母鸡操碎了心。那么接下来，我们要用刚才的方法来学了，它究竟在想什么呢？我想请同学们自由地选择一处，你也可以和你的同桌讨论讨论。(课件出示第6自然段。)

　　发现一点儿可吃的东西，它咕咕地紧叫，啄一啄那个东西，马上便放下，让它的儿女吃。它一定在想：

_____

　　结果，每一只鸡雏的肚子都圆圆地下垂，像刚装了一两个汤圆儿似的，它自己却消瘦了许多。可母鸡却想：

_____

　　假若有别的大鸡来抢食，它一定出击，把它们赶出老远，连大公鸡也怕它三分。它想：

_____

　　师：我看到很多同学迫不及待地想来分享他的猜测。后面的男孩子你来试试。

　　生：它一定在想只有这么一点食物要给谁吃呢？哎，还是给我的孩子们吃吧！反正我也不饿，就给我的儿女吃吧！

　　师："反正我也不饿"是一句真心话吗？我们来看看第二句话你就知道了，它在想什么？

　　生：自己饿了没关系，只要不让宝宝饿就好。

　　师：这是一位非常无私的母亲。还有要补充的吗？

　　生：它一定在想：我一定要让我的宝宝们吃饱喝足，不然它们怎么长身体呢？如果长大了，每一只鸡都瘦瘦的，身体不好，碰到类似于黄鼠狼这样的天敌，就逃不掉了。

　　师：这只母鸡确确实实想得非常长远，真是一位负责任的母亲。所以听了这样的想法，你们再来读读第二句话就会有不同的感受。就请你来读吧！

　　(生入情地读。)

　　师：再来看第三句话，它在想什么呢？

　　生：大公鸡你要是敢抢我宝宝的食物，我就啄死你们。

　　师：多么勇敢又真实的想法。带着这种勇敢读一读第三句话。

　　(生有感情地朗读。)

师：还有要补充的。请你把它的想法一起读出来。

生：臭公鸡，敢抢我孩子的食物，老娘一定和你拼了。

（笑声一片，课堂氛围轻松。）

师：好，同学们有许许多多想说的，没关系，李老师为大家准备了作文纸，同学们可以任选课文的第 7~8 自然段，读一读，想一想文中描写母鸡的动作、神态的句子，猜猜它心里在想些什么，并写下来。因为时间关系，我不可能让同学们一一来展示了，但是今天我们通过用心来读书看到了母鸡的动作和神态，我们更深切地体会到了母鸡的伟大，所以老舍之所以不敢再讨厌母鸡了，是因为母鸡它——（课件出示：它负责、慈爱、勇敢、辛苦，因为它有了一群鸡雏。它伟大，因为它是鸡母亲。一个母亲必定就是一位英雄。）

（生齐读。）

师：起立！让我们怀着对这位英雄的崇敬，再一次用我们的声音来赞美它。

师：下课！

生：谢谢老师！

点　评

走进母鸡的内心世界

老舍先生爱养花，他在《养花》一文中这样说："要是赶上狂风暴雨或天气突变，就得全家动员，抢救花草，十分紧张。几百盆花，都要很快地抢到屋里去，使人腰酸腿疼，热汗直流。第二天，天气好了，又得把花都搬出去，就又一次腰酸腿疼，热汗直流。可是，这多么有意思呀！"

老舍先生爱养猫，他在《猫》这一文中这样说："它们到院子里来了。院中的花草可遭了殃。它们在花盆里摔跤，抱着花枝打秋千，所过之处，枝折花落。你见了，绝不会责打它们，它们是那么生气勃勃，天真可爱！"

看来，把"花"和"猫"放在一起，老舍先生更爱猫，即使枝折花落，也在所不惜，真可谓"爱你没商量"。

老舍先生写"母鸡"，却不同于《猫》，也不同于《养花》，不再是"爱你没商量"，情感有着鲜明的变化。开篇就说"我一向讨厌母鸡！"，然后分三个自然段描写自己讨厌母鸡的理由。接着以"改变了心思"作为过渡，分别用了四个自然段描写母鸡是怎样负责、慈爱、勇敢和辛苦的，最后说"我不敢再讨厌母鸡了"。

李老师教学《母鸡》，先引导学生关注到《猫》与《母鸡》的不同，直奔课文最后一句"我不敢再讨厌母鸡"，由"再"字入手，明白老舍先生对母鸡的感情是有变化的。是什么原因让作者由"一向讨厌"到"不敢再讨厌"呢？是因为母鸡孵出一群小雏鸡。

"一向讨厌""小鸡雏""不敢再讨厌"，李老师抓住这三个短语设计板书，让学生整体感知，迅速地把握住全文的结构，然后直接从第5自然段入手，走进母鸡的内心世界。

李老师引用海明威和歌德的话说明：文字毕竟只能表达一部分内容，还有很多话需要我们在读书时去补充、去想象。老舍先生写了母鸡的动作、写了母鸡的表现，却没有写它的心理活动。透过母鸡的动作去揣摩母鸡的内心，李虹老师精心设计，让学生掌握方法，由仿到创，由说到写，一步一步走入母鸡的内心世界，体会作者表达的情感。

一、示范

李老师以第5自然段作为例子，引导学生走入母鸡的内心世界。

1. 朗读：通过师生对比朗读，让学生学会用声音结合动作，把这个场景变成一幅画。

2. 采访：采访给老师的朗读配上动作的同学：世界上有可怕的东西吗？有哪些东西可怕？世界上有这么多可怕的东西，你为什么装出没啥可怕的样子呢？通过这一系列采访，让学生尝试着站在母鸡的角度去思考问题，初步走进母鸡的内心。

3. 示范：李老师自己写了一段《母鸡的自白》，并且配乐讲述，把学生带入情境，让学生直观感受到可以这样表达"母鸡的内心世界"。

4. 小结：李老师展示了她自己创作的《母鸡的自白》，给了学生"鱼"，还要给学生"渔":学习"用心读书"的方法。比如,当她读到课文当中写母鸡歪着头听时,马上就猜测它歪着头听,听到什么。在想什么。

二、尝试

如果第 5 自然段是"示范",那么第 6 自然段就是在李老师的引导下让学生"小试牛刀":一边读一边透过母鸡的动作想象它的内心。李老师设计这样的填空题,为的是让学生走进母鸡的内心。

发现一点儿可吃的东西,它咕咕地紧叫,啄一啄那个东西,马上便放下,让它的儿女吃。它一定在想:

结果,每一只鸡雏的肚子都圆圆地下垂,像刚装了一两个汤圆儿似的,它自己却消瘦了许多。可母鸡却想:

假若有别的大鸡来抢食,它一定出击,把它们赶出老远,连大公鸡也怕它三分。它想:

三、创作

如果说第 5 自然段的教学方法是"扶",第 6 自然段的教学方法是"半扶半放",那么,第 7、8 自然段的教学方法就是"放",放手让学生用学到的方法"到鱼塘中去捕鱼":任选其中的一段读一读,想一想文中描写母鸡动作、神态的句子,猜猜它心里在想些什么,并写下来。

叶圣陶先生说:课文只是例子。语文课应该是用课文教学生如何阅读,如何写作。李虹老师这节课,教了学生读书的方法——"用心读书",一边读一边想象;也教了学生习作——走进母鸡内心世界,描写母鸡的内心。因此,这是一节扎实的、有效的、充满语文味的语文课。

《伯牙鼓琴》教学实录及点评

点评：长沙市岳麓区小语教研员　熊社昕
地点：湖南大学子弟小学

一、步步突破，解决古文之难"读"

（一）深情范读，降低难度

师：今天我们将学习一篇古文。这篇古文，仅用83个字就记述了一个跌宕起伏的动人故事。它发生在2000多年前的春秋战国时期，却千古传诵，流传至今。这个故事的名字叫作《伯牙鼓琴》。说到读古文，学古文，你们有什么感觉？

生：读不懂，不知道什么意思。

生：有时候读都读不通。

师：是啊，读不懂、读不通是我们绝大多数人读古文时的感觉。为了降低难度，要不要先听老师读读？

（师配乐深情范读，生沉醉其中。）

师：现在，对古文又有了什么感受？

生：古文抑扬顿挫，好美！

师：你发现了古文的音韵美，真好。喜欢上这篇古文了吧，现在想读读这篇古文吗？

生：想！

（生试读古文，读得不流利，仍有错误。）

（二）弄懂难句，读通古文

师："不懂不通，懂了就通。"看来，咱们还得先弄懂这篇古文的意思。怎样才能读懂古文中词句的意思呢？咱们先从课题入手，知道"鼓琴"是什么意思吗？

生：就是弹琴。

师：你怎么知道鼓琴就是弹琴，而不是鼓和琴？

生：课文下面有注释呢。

师：妙！有不懂，找注释，这是读懂古文的最佳途径。（板书：看注释。）那么就请同学们借助注释，自己来读读课文，弄懂词句的意思。在仍旧读不懂的句子上画上横线，并在旁边打上一个小问号。

（生自读，画记，师巡视。）

师：有难度吗？哪句难倒了你？

生：请问，"方鼓琴而志在太山"是什么意思？

师：书下有注释吗？

生：有。但是，只有"志"和"太山"的意思，连在一起还是不知道怎么翻译。

师：嗯，确实有点困难，但正如陶渊明所说的"好读书不求甚解"，学古文，有时不必过于咬文嚼字，可以抓住关键字，然后用我们习惯的语言来表达。大家不妨猜猜看是什么意思。

生：我觉得这句话是说：刚刚弹琴表达自己的心志像高山。

师：翻译得很顺畅哦。我有点好奇，这个"方"没有注释，你怎么知道是"刚刚"的意思？

生：我是看到后面有个"少选"的注释，写的是"一会儿，不久"。所以这里我觉得加个"刚刚"，讲起来更方便些。

师：你太棒了！所以，联系上下文猜读，亦是我们读懂古文的重要方法之一。（板书：联系上下文猜读。）

师：还有难懂的句子吗？

（没人举手。）

师：那好，文中有个长句子难倒了我，请你们帮我破解一下。（课件出示：以为世无足复为鼓琴者。）首先，这句话中有2个"为"字，读音一样吗？怎么读？

生：我知道！第一个读"wéi"，第二个读"wèi"。

师：为什么？

生：因为第一个"为"是以为的意思，第二个是"为之弹琴"的意思。

师：啊，我明白了，有不懂，找注释！注释中有具体解释，弄懂了意思自然就知道它的读音。第二个难点，这么长的句子该怎么断句呢？

（一男生读，师画节奏线：以为/世无足复为鼓琴者。）

师：能说说理由吗？

（生摇头。）

师：没关系，我知道你心里已经明白了，但就是说不出来，是吧？谁跟他的断句方法是一样的？

（多人举手。）

师对第一个男生说：来吧，你自己选一个懂你的知音，代替你说。

（生请了一位。）

生：因为这句话的意思就是"认为世上再没有值得他为之弹琴的人了"，以为是认为的意思，所以后面要停顿一下，接下来就是讲他认为的内容了。

师：看来真的是"不懂不通，懂了就通"。理解之后再读，我相信，同学们能读得更好。和你的同桌合作，一人说说全文的意思，另一人读古文。

（生同桌合作学习，师巡视。）

师：刚刚在下面巡视时，我发现不少同学卡在了这一句上："善哉乎鼓琴。"看看注释，"善哉"，什么意思？

生：好啊。

师：鼓琴呢？

生：弹琴。

师：加起来就是"好啊弹琴"。

（生笑。）

师：觉得很好笑，像外国人说中国话是吧？你觉得现代中国人表达"善哉乎鼓琴"时会怎样说？

生：弹琴弹得真好啊！

师：这样我们就听懂了。原来古人说话的语序有时和我们现代人的不太一样。为了不闹笑话，我们还可以像这位同学一样调换词序。（板书：调换词序。）

（接下来，师又请了一对同桌站起来展示，意思基本正确，尤其停顿完全正确，声情并茂，博得师生一致掌声。）

师：同学们的掌声就是对你们最好的鼓励！不过，我还想告诉你们一个秘密，读古文时，在语气词后一延长、一停顿，古文的味道就更浓了。不信，我找个同学试试。（出示课件：善哉乎鼓琴，巍巍乎若太山。）

（一生读，仍和前面的同学差不多。）

师：你找到这句话中的语气词了吗？

生：是"乎"。

师：是啊，所以我会把"乎"字拖长一点。（师范读：善哉乎——鼓琴，巍巍乎——若太山）你再试试。

（生再读。全体生一起读。）

师：（出示课件：善哉乎鼓琴，汤汤乎若流水。）这句话跟上句句式一样，如何读，不言而喻。谁来试试？

（师指名读，生读得很有古文的韵味儿。）

师：举一即能反三，善哉，善哉！像他那样，咱们一起来读读这两句。

（生齐读。）

二、展开想象，读出古文之情韵

师：通了，再加上想象，我们能将古文读得更美。接下来，就让我们穿梭时空，走进2000多年前伯牙和锺子期的故事里。（板书：伯牙　子期）

师：文章开门见山——伯牙鼓琴，锺子期听之——一幅画卷就此缓缓拉开。这二人究竟如何鼓，如何听呢？我还是想请两位同学来分角色试读。（课件出示：方鼓琴而志在太山，锺子期曰："善哉乎鼓琴，汤汤乎若流水。"）

（两生分角色读。）

师：前面我们已经弄明白了，"善哉乎鼓琴"的意思是——

生：琴弹得真好啊！

师：是啊，"善哉"是子期听了伯牙琴声后由衷的称赞，用我们现在的话说就是——

生：太好了！

生：真棒啊！

生：绝了！

生：妙啊！

师：绝啊！妙啊！谁来读读第一句，把这种由衷赞叹的感觉读出来。（师指名读。）

师：我发现你读"峨峨兮"的时候，格外加重了语气，为什么？读到这里时，你的眼前仿佛出现了怎样的景象和画面？

生：我仿佛看到了一座高山耸立在我的眼前。

师：是啊，把自己的想象加入朗读，就能读出画面感。谁来试试？

（连续指名读，指导想象，读出气势，师根据生的朗读随机点评。）

师："这是一座山，但还没到最高峰！谁再来试试？"

师："杜甫说：会当凌绝顶，一览众山小。这说的就是泰山的高啊！来，全班男同学，咱们站在泰山的最高峰，读出它的王者之气！"

（男生齐读。）

师："壮哉！不愧是铁骨铮铮男子汉，不愧是屹立于天地之间的泰山！"

（出示课件：善哉乎鼓琴，汤汤乎若流水。）

师：下一句呢？谁能把自己的体会通过朗读表达出来？

（生分别说想象，练朗读，但读得差强人意。）

师：同学们，"汤汤乎"是怎样的流水？

生：浩浩荡荡的流水。

师：由"浩浩荡荡"四字展开去，我们应该会看到这样的流水。（课件出示长江、黄河视频。）

师：看到这长江与黄河，你们的脑海中跳出了哪些词语或诗句？

生：我想到了"九曲黄河万里沙，浪淘风簸自天涯。如今直上银河去，同到牵牛织女家"。

师：是啊，自古云，黄河之水天上来！请读出这份雄壮！

（生激情朗读：善哉乎鼓琴，汤汤乎若流水。）

生：我想到了"孤帆远影碧空尽，唯见长江天际流"。

生：还有"无边落木萧萧下，不尽长江滚滚来"。

师：用你的朗读来展现这份辽阔悠远吧！

生：看到这滔滔的江水、宽阔的江面，我想到了《长江之歌》——……你有母亲的情怀……

师：是啊，这才是我们的第一大江，这才是我们的母亲河。看来，歌曲和诗文也是相通的，读吧——

（女生的深情朗读再次引起掌声。）

师：多么宽广浩荡的江河，多么汤汤的流水啊！女同学，咱们一起来，像她那样，读出这母亲般宽广的胸怀！

（女生齐读。）

师：伯牙当时被称为"琴仙"，我想他的琴声绝对不止只能表现巍巍太山、汤汤流水，你觉得伯牙的琴声中还会包含着什么呢？

生：还有白雪。

师：有一个四字词——皑皑白雪。

生：还有春雨。

师：换成四字词。

生：绵绵春雨。

生：皎皎明月。

生：朗朗清风。

…… ……

师：所以，当伯牙鼓琴，志在_____，锺子期曰："善哉乎_____，_____乎若_____。"

（课件出示句式，生充分练说。）

师：但是，老师有一个疑问，为什么我们能听出徐徐清风、依依杨柳、绵绵春雨，而子期却独独只说"巍巍乎若太山、汤汤乎若流水"呢？

生：是因为伯牙弹的是很激昂的曲子，正好像泰山、像流水。

师：猜得有道理。但，一首乐曲肯定不会只有激昂的乐段。想想看，古人云，琴以言心，伯牙究竟想通过这泰山、这长江黄河表达自己怎样的心胸呢？

生：宽广的心胸。

师：是呀，作为一代琴仙，伯牙真是粉丝无数，可大家都只是把他当成宴会上的高级"点缀"，却从未有一个人能像子期这样读懂他琴声中隐藏的心声，再没有一个人能探知他泰山一般高远的理想、江河一般宽广的胸怀，真是"相识满天下，知音仅一人"。此时，伯牙心中一定特别地——

（数生答：开心！高兴！兴奋！惊喜！）

师：一个词，叫欣喜——

生：若狂！

师：再换个词，叫相见——

生：恨晚！

此时的伯牙多想对子期一吐心绪呀。如果你就是当时的伯牙，你最想对子期说些什么？拿起笔，写下你最想说的一句话吧：

（生填练习纸：伯牙叹道："善哉！善哉！_____"）

生：伯牙叹道："善哉！善哉！相识满天下，知音仅子期！"

师：非常巧的改写，妙哉！

生：伯牙叹道："善哉！善哉！子期者，知己也！"

师：很棒哦，"者也"句式是经典的古文句式。

生：伯牙叹道："善哉！善哉！我为何今日才遇到你？真是相见恨晚啊！"

师：再教你一招，古文中常用"吾"来称我，你——

生：君。

师：是的，可以称"君"，也可以称"汝""子"。

生：善哉！善哉！世人只知吾琴声美，唯汝知我心中有理想。

……

师：想知道原文中真正的伯牙是怎么说的吗？（出示古书《列子·汤问》中伯牙的原文："善哉，善哉，子之听夫，志想象犹吾心也。"）

（全体齐读。）

师：知琴、知心、知志，这才是真正的知音啊！

师：两人惺惺相惜，相见恨晚，当即结拜为生死之交，并约定来年在老地方再续琴缘。一年之后的中秋节，伯牙满怀欣喜，乘着一叶扁舟而来。（悲伤的音乐起）然而，当他来到去年相会的地方时，等待他的不是子期的人，而是子期冰凉的墓碑！

（师请多名生反复读"钟子期死"，现场一片凝重。）

师：高山默默，流水无语，天地黯然失色！伯牙破琴绝弦——

生（齐）：终身不复鼓琴，以为世无足复为鼓琴者。

三、背诵积累，传颂千古之绝唱

师：士为知己者死，正是这决然的一"绝"，让"高山流水遇知音"的故事成为千古绝唱，也让"伯牙绝弦"成为知音的代名词。你记住这个感人的故事了吗？

（课件出示带提示课文，生试着背诵。）

师：伯牙不奏子期逝，高山流水觅知音！最后，让我们在这高山流水的乐曲声中再来回顾这个动人的故事吧！请起立！

（生试着跟师一起背诵全文。）

点　评

高山流水

听完李虹老师执教的《伯牙绝弦》一课，一个成语萦绕在我脑海中——高山流水。

一、山就是山，水就是水

小学生学习文言文，能把课文读准、读流畅就很不容易了，至于让学生读出韵味更属不易。于是，李老师把朗读与积累作为本课的"大调子"。

从李老师的教学过程中我们可以知道，她曾对此做过调查："课前，我跟几位同学聊了聊，都反映古文难懂、难读，尤其不知该如何停顿。"通过调查，李老师首先采用最直接、最传统的方式——范读。李老师的范读荡气回肠，余音绕梁。"讲解只能让人知道，而朗读能使人感受。"一开始学生就初步感受到了古文的韵味，让学生朗读课文站在了一个"高起点"上。通过调查，李老师了解到了学生读古文的"瓶颈"——如何停顿。所以，听了老师的范读后，学生尝试着"画斜线"，并且与老师的"斜线"进行对照，体会问题所在。古文中的语气词既是特色，也是另一个"瓶颈"，李老师没有轻易放过：理解这些语气词，读好这些语气词，古文的韵味就出来了。本课在师生一齐背诵全文后结束，真是声振林木，响遏行云。

本课将朗读与积累作为一个重点，在以"出奇制胜"的公开课中，本课朴实扎实，但落实到了语文课的根本，正可谓"山就是山，水就是水"。

二、山不是山，水不是水

引导学生读古文，大多数老师是读懂本文，会准确翻译即可，但李老师却不满足于此。李老师从"鼓琴"入手。理解"鼓琴"的意思很容易，读读课后注释就行，但李老师并没有就此放过：善哉乎鼓琴，那就是"好啊弹琴"。在学生忍俊不禁时，李老师亦笑着说："原来古人说话的语序有时和我们现代人的不太一样。为了不闹笑话，我们还可以像这位同学一样调换词序。"课堂中老师看似不经意的一句话，却在向学生渗透学习古文的方法。

后面教学内容中的"方""以为世无足复为鼓琴者"等都有着同样的功效，让学生在错误中发现方法：读古文可以不求甚解，联系上下文猜；原来读懂了才会读通。

最妙的是解读"汤汤乎若流水"这句话的时候。老师先让学生观看长江黄河视频，对"汤汤乎"有了感性的认识，但令听者眼前一亮的是，紧接着让学生由画面拓展到其他诗句："看到这长江与黄河，你的脑海中跳出了哪些词语或诗句？"以他诗的意境引出"汤汤乎若流水"的意蕴，以诗解诗，古诗文中那些只可意会不可言传的意境就荡漾在学生的心胸之间了。课堂上书声琅琅，正可谓："山不是山，水不是水"。

三、山还是山，水还是水

读古文，最妙的是还能学着运用相同句式写一写，这是很多老师的共识。李虹老师亦如此，所以课堂上，李老师借助课件的画面和文字，让学生运用课文中的语句，通过想象描述无论伯牙的琴声表现任何景象，锺子期都能听懂。"徐徐清风、依依杨柳、绵绵春雨……"学生运用课文中的语句，用古文描述着琴声与自然景象。

但也有专家认为"太山流水"是有其专门的意象的，不可用其他的自然景象、用这种机械式仿写冲淡了文章的主题——知心知志方为知音。所以，在学生对这一句式运用自如之后，李老师又引导学生深究："为什么我们能听出徐徐清风、依依杨柳、绵绵春雨，而子期却独独只说'巍巍乎若太山、汤汤乎若流水'呢？"由此探知知音的真正含义，也由此引发了后面的课堂上化身伯牙，对子期的种种赞叹："善哉！善哉！相识满天下，知音仅子期！""善哉！善哉！世人只知吾琴声美，唯汝知我心中有理想。"相信，随着孩子们年龄的增长，他们对"知音"会有更正确的理解和认识，正可谓：山还是山，水还是水。

《真理诞生于一百个问号之后》
教学实录及点评

点评：深圳小学　陈德兵
地点：苏州工业园区翰林小学

一、游戏导入，激发兴趣

师：为了缓和一下紧张的氛围，咱们还是先来玩个游戏。桃红柳绿，正是一年春好处，那就玩一个应景的游戏吧——飞花令。基本规则都懂吧？谁再来强调一次？（课件出示，指名读要求。）

生：男生女生，双方对决，逐一说词，不能重复，一人最多只能答一次。

师：这一次，咱们飞什么花呢？聪明的你，听我举几个例子就明白了：一事无成、三心二意、七上八下。

（生分别说出很多含有数字的成语。）

师：我给女生帮帮忙。（出示：举一反三）谁知道，这个词是什么意思？

生：就是老师教了一种方法，我们再用到类似的三个题目中去。

师：就三个，多一个都不可以吗？这个"三"，你们发现了吗？是一个——

生：虚指。

（出示：善于类推，能由此及彼。）

师：是的。所以这位同学应该这样说，老师教了你一个例子，或者教了你一种方法，你能够把它用到与它类似的多个题目当中去。（出示：举三反一）那么也有"举三反一"吗？看看图标，你们能猜出来吗？举三反一又是什么意思呢？

生：我觉得可能是老师给你三个提示，然后你从三个提示中归纳总结，把它们取长补短，融合成一个规律。

师：发现了吗？李老师在课前说我们玩飞花令的时候，我就没有告诉你们"飞"什么"令"，我说的是几个成语的例子，然后你们马上就知道了。今天"飞"的"令"是——

生（齐）：数字令。

师：对，数字令。所以，举三反一刚好和举一反三是一个相反的过程，（出示：善于归纳，能从多种现象中找到规律）就是能够从多种现象中找到规律。那么，我们今天要学的这篇课文，看看课题，《真理诞生于一百个问号之后》，你们觉得这是举一反三还是举三反一？

生：举三反一。

| 点　评 |

　　不管你年龄多大，都一定喜欢游戏。何况十一二岁的小学生呢！李虹老师深知这一点，所以她用游戏"飞花令"导入新课，牢牢吸引住了学生。当然，李虹老师"醉翁之意"不在游戏，而在成语背后藏着的秘密，游戏为课文学习埋下了伏笔。

二、概括事例，整体感知

师：从这个课题来看，本身就是举三反一。来，一块把这个题目读一读。

生（齐）：《真理诞生于一百个问号之后》。

（出示：有人说过这样一句话：真理诞生于一百个问号之后。其实，这句话本身就是一个真理。）

师：有人说，这句话本身就是一个真理，你同意吗？

生（齐）：同意。

师：好吧，异口同声地回答。你们恰恰是在证实作者说的是错的，因为明明告诉你，真理诞生于——

生：一百个问号之后。

师：对呀，你们哪能被一句话就说服了呢？所以很多人看到这句话的时候是表示怀疑的。为了说服大家，作者想了什么办法？

生：举例子。

师：对，举例子。作者用哪三个事例来证明自己的观点？昨天我们学了这篇课文的第一课时，而且要求同学们把这三个事例的小标题都列出来，列好了吗？

生（齐）：列好了。

师：来，翻开书，我们现在来交流一下，告诉我作者是用哪三件事情来证明自己的观点的？好，请你说。

生：我发现是三个事例，第一个是发明石蕊试纸，第二个是大陆漂移学说，第三个是脑电波的变化与做梦有关。

师：发现了吗？他的小标题全都是从最后的结果中提取出来的，很好。还有没有不一样的？前面这位男同学。

生：第一个是波义耳发现植物酸碱反应，第二个是魏格纳提出大陆漂移学说，第三个是脑电波的变化与做梦有关。

师：嗯，你跟他一样，也是从结果中来提取小标题。还有没有不一样的？请你说。

生：第一个是盐酸溅到紫罗兰上，花瓣变红；第二个是魏格纳观察地图，第三个是阿瑟林斯基发现儿子睡觉时眼珠忽然转动。

师：她是从现象来提取小标题的，非常好。还有没有不一样的？那一位同学，请你说。

生：我从主人公名字上来列小标题。第一个是波义耳，第二个是魏格纳，第三个是阿瑟林斯基。

师：光是名字，这样来列小标题不够准确，你如果能够像那个同学一样，把名字跟结果结合起来，这样的话会更准确一些。好的，接下来我就从你们这么多的小标题中选择一类，把它板书在我们的黑板上。

| 点　评 |

　　概括能力是一项非常重要的阅读能力，拟小标题是一种很好的训练概括能力的方法。李虹老师注重培养学生的概括能力，她的做法高明之处在于不仅仅满足于学生拟出小标题来，还注重引导学生从不同的角度来拟小标题。这种不唯"一"的做法带给学生的远远不止概括能力的提升，更可贵的是渗透着一种重要的学术思想、一种宝贵的学习品质。

三、分析事例，学习例证

师：今天这节课，咱们就要来重点研究作者是怎么样用这三个事例来证明他的观点的。首先一起来回顾一下作者的观点，是——

生（齐）：真理诞生于一百个问号之后。

师：光是这样去说，好像说得不够清楚，作者又用了一个自然段来重点阐述他的观点，哪个自然段？

生（齐）：第2自然段。

（出示：纵观千百年来的科学技术发展史，那些在科学领域有所建树的人，都善于从细微的、司空见惯的现象中发现问题，不断发问，不断解决疑问，追根求源，最后把"？"拉直变成"！"，找到真理。）

师：谁来读一遍？好，你来。

生：纵观千百年来的科学技术发展史，那些在科学领域有所建树的人，都善于从细微的、司空见惯的现象中发现问题，不断发问，不断解决疑问，追根求源，最后把"？"拉直变成"！"，找到真理。

师：她读得很清楚，我们也认真听了，仔细看了，你们从作者这一长段话中抓住了哪些关键词？好，请你说。

生：我关注到了——发现问题，不断发问，不断解决疑问，追根求源，最后找到真理。

师：特别好。首先，是要从现象之中去——

生（齐）：发现问题。

师：然后对这些问题不断地发问，不断地解决问题，最后找到真理。作者还用了一句话，非常有意思的话，再一次表达他的观点。把——

生（齐）："？"拉直变成"！"。

师：作者的观点就是？谁来用自己的话说说看。

生：就是只要善于发现，善于思考，从细微的现象里发现问题，并且把这个问题解决，就能发现真理。

师：非常好！观点我们弄清楚了，都记住了吗？

生（齐）：记住了。

师：接下来我们就要用事例来证明了。一块先来看事例一，作者首先写了波义耳看到了一个怎样的现象？请你说。

生：盐酸溅到紫罗兰的花瓣上，花瓣变成红色。

师：这样的现象用课文中的词语来形容是怎样的？

生：是一个很神奇的现象。

师：很神奇的，你们从来都没有遇到过，是吧？这样的现象实际上是一件非常细微的、细小的，很难被人发现、被人注意到的事情。但是，这样很难被人注意、很难被人发现的现象，却引起了波义耳的——

生（纷纷）：关注。

师：仅仅只是关注吗？还有他一连串的——

生（纷纷）：疑问。

师：好，接着说，是哪些问题呢？

生：问题就是："是不是别的植物被溅到之后也会变色呢？""别的酸对这种物质会有什么样的反应？"要解决这些问题才能找到答案。

（生回答，课件表格中出现相应的关键词。）

师：那么现在你能用自己的话说说吗？这个真理到底是怎么诞生的？

生：波义耳发现盐酸溅到紫罗兰上，花瓣变红的现象，提出"这种物质是什么""别的植物会不会有这样的物质"等问题，促使他进行了许多实验，发现大部分花草受酸或碱的作用都会变色，利用这一特点，波义耳发明了石蕊试纸。

师：非常棒！我们这样一梳理立马就发现了这个造福无数科学家、无数研究者的石蕊试纸的发明，原来应该感谢波义耳的什么？

生：感谢他的不断思考、善于观察，还有他思考问题后进行了很多实验，坚持不懈地研究。

师：是的。真理的起源原来就来自这一连串的——

生（齐）：问号。

师：好的，那么其他两件事情又是怎样证实"真理诞生于一百个问号之后"的呢？接下来请同学们和你的同桌合作，任选一个事例来看看作者是如何用他的事例来证明他的观点的。用自己的话说说真理是如何诞生的。开始吧。

（生交流讨论。）

师：好的，谁来跟大家分享一下？你研究的是哪一个事例，请你告诉我，这个真理是如何诞生的。

生：事例是魏格纳大陆漂移学说，现象是……

师：不要这样说"现象是什么""问题是什么""真理是什么"，你这样一说我们反倒不明白了。表格只是帮助你去梳理内容，用自己的话来说一说真理到底是如何诞生的。

生：魏格纳通过观察地图，整理了"大陆漂移学说"，出版了《海陆的起源》一书。

师：原来我们现在知道的海陆起源，最早是因为谁？

生（齐）：魏格纳。

师：是什么让他有这样的研究成果，让这样的真理诞生？

生：他在住院的时候好无聊，然后就看地图，产生了疑问。他发现南美洲东海岸的突出部分与非洲西海岸的凹陷部分互相吻合，这引发了他的思考。

出院以后他就开始研究，最后提出这个学说。

师：所以说再次证明——

生（齐）：真理诞生于一百个问号之后。

师：是的，你看，在看似无聊的看地图中也能提出问题，也能够产生真理。第三个事例，请你们来。

生：阿瑟林斯基发现儿子在睡觉的时候眼珠忽然转动。

师：睡觉？看儿子？这是一个怎样的现象？用课文中的一个词来回答。

生（纷纷）：司空见惯。

师：是啊。

生：然后他提出了一些问题："为什么睡觉时眼珠会转动？""这会不会与做梦有关？""会是什么关系呢？"。后来他经过研究发现，脑电波的变化与做梦有关。

师：这个事例证明了什么？

生：这个事例证明了"真理诞生于一百个问号之后"。

师：是啊，看到儿子睡觉，如果没有这一连串的问题，就不会有后面的研究，也就不会有后面这个真理的诞生。亲爱的同学们，三个事例，我们这样一梳理，你们又有什么发现吗？三个事例，它们都是先写什么，再写什么，最后写什么？找到它们的规律了吗？请你说。

生：先写现象，再写问题，最后再写真理。

师：为什么三件事情都要这样写？请你说。

生：为了印证作者的观点——"真理诞生于一百个问号之后"。

师：所有的写作顺序，所有的写作内容都是为了印证观点。（板书：依观点，按顺序）所以观点如何表达，我们写的顺序就可以如何安排。这叫作——

生（齐）：依观点，按顺序。

师：作者正是用这样的方式举三反一，最后掷地有声地再次强调了他的观点，（出示第6自然段）一起读。

生（齐）：在科学史上，这样的事例还有很多，这说明科学并不神秘，真理并不遥远。只要你见微知著，善于发问并不断探索，那么，当你解决了若干个问号之后，就有可能发现真理。

| 点　评 |

　　破解本文在表达上的第一个秘妙：依观点、按顺序。作家选择了三个事例来证明自己的观点，这三个事例在写作上有何相同之处？其中蕴藏着什么规律？作家为什么这样写？这样的问题很好地指向了表达。三个事例如果写作顺序不一样，表达效果肯定会打折扣。为了让三个事例形成"合力"，所以作家选择了相同的构段方式、相同的写作顺序，李虹老师引导学生揭示了这个秘妙。

　　师：在科学研究史上，这样的事例还有很多，你们能举出来吗？来，请你说。

　　生：列文虎克因为一次偶然的经历磨出了三百倍的显微镜。

　　师：这里有问号吗？他证明了列文虎克磨显微镜是诞生于一百个问号之后吗？我们前面所说的事例的讲述顺序要和你的观点相吻合。请你来。

　　生：有一次富尔顿出去游玩的时候去湖上划船，他划累了就停下来，看自己湖中的腿，觉得很好玩。那时候风平浪静，但是船却动了起来。富尔顿就觉得很奇怪："我明明没有划桨，为什么船还会移动呢？"后来他发现自己的腿起到了桨的作用，于是他问出了一艘轮船。

　　师：是啊，富尔顿"问出"了一艘轮船！

　　生：跟刚才那位同学说的一样，还是列文虎克。他喜欢玩镜片，有一天他想到一个问题：如果把这两片放大镜放在一起会怎么样？于是他尝试了一下，结果发现能把物体放大很多倍。他又开始有疑问了：为什么两个镜片不断移动会更清晰呢？他一边寻找答案，一边自己造出了世界上第一台显微镜。

　　师：非常好。一个问题接一个问题，再接一个问题，解决一连串的问题后才把这个显微镜给制作了出来。世界上这样的事例有很多很多，可是为什么我们的作者就选择这三个事例呢？接下来，我想请同学们再一次回到课本，读一读这三个事例，你们能不能找出其中的不同之处？说不定你们会有更奇妙的发现。

（生低头仔细默读课文，画记。）

师：三个事例，你们能发现哪些不同之处呢？

生：第一件事，波义耳的发现是由于一个巧合，加之细心观察才发现的。第二个，魏格纳本来就十分仔细，他的发现并不是一个意外。第三个是阿瑟林斯基，他本来就是睡眠研究专家，在儿子睡觉的时候，发现眼球转动与做梦有关。

师：我明白了，也就是说不管是巧合，还是仔细观察，总之，只要发问，真理就会诞生于一百个问号之后，是吗？还有什么不同吗？

生：只要你认真研究，你就可以得出真理，哪怕是跨专业的。或者是自己的专业，又或者仅仅是一次失误。

师：专业，这个同学关注到了这一点。我们再仔细看看，这三件事情领域一样吗？分别是什么？

生（纷纷）：化学、地理、睡眠研究。

师：睡眠研究应该属于心理学的领域，是吧？他们的研究领域各不相同。除了领域不同，还有什么地方不同呢？我在读这篇文章的时候，有一个非常有意思的发现，这也是一个巧合。我的女儿今年上初一，比你们高一个年级，她去年的课本是这样的。（课件出示原来的课文）原来的例子是谢皮罗教授在洗澡的时候提出的一连串问题，最后有了真理的发现。而现在编者把它换成了德国气象学家魏格纳的疑问，为什么要换？你们能发现这其中的奥秘吗？好，请你回答这个问题。

生：我认为旧教材中的例子跟发现大陆漂移学说是相似的，都是通过观察发现，而且是跨领域的。阿瑟林斯基是在自己的领域，更能体现出……

师：不好意思，我必须打断你。你发现了吗，右边是去年的教材，左边是今年的教材。教材把第一个事例替换了，不是把最后一个事例进行了替换。好，为什么要换，发现了吗？请你说。

生：这两个都是很普遍的事情，基本上每天都会发生……

师：是啊。这两个都是同一个领域呀，干吗要换呢？这两个都是巧合的发现，干吗要换呢？不同的地方在哪里呢？一个非常小，非常小，非常小的地方。看科学家所在国家，这是我的发现。当然你们或许还会有别的发现。

生（恍然大悟）：我觉得如果不换的话，就会有两个相同的国家的科学家，但是如果把一位科学家换成德国的科学家的话，就能体现各国的科学家都是这样发现问题，然后找到真理的。

师：是的，国家也不一样。多个角度就可以避免"杠精"开杠，对不对？他不会说这个真理只在某个国家存在。当然，也许我们还会发现三个事例的更多不一样的地方，这一点要留给同学们自己去细致研读。总之，通过找不同我们知道了，要想把我们的观点证明得更加翔实，我们还要注意多角度去论证。（板书：多角度，选典型。）

生（齐）：多角度，选典型。

| 点　评 |

本以为这个教学环节在揭示出前面的表达秘妙之后就可以结束了，没曾想，李虹老师又往前走了一步，引导学生思考：这三个事例有哪些不同之处。于是，教学进入了一个新的境界。这一"正"（相同）一"反"（不同）全面地揭示了作家选材之匠心，真妙！在这个环节里，还有两个做法值得称道：一是让学生从自己的阅读积累中寻找类似的事例，这样，学生对文本观点的理解就更加深刻；二是用新旧教材进行对比，发现文本表达的另一个秘妙：多角度、选典型。李虹老师可谓教材编者的知音！

四、学习写法，课堂练笔

师：好的，同学们，我们这样聊着聊着，这篇课文也基本上学习完毕了。我们发现这篇课文的文体和我们以前学过的文体不一样。它是——

生（齐）：议论文。

师：什么叫作议论文呢？谁来说说看？

生：一种用来表达自己的见解和观点的文体，也叫说理文。

师：说理文。它不光存在于我们的书本上，也在生活当中。当我们要说服别人的时候、讲道理的时候，就经常会用到这样一种文体。今天我们很清楚地看到"真理诞生于一百个问号之后"，这是作者的观点，也是——

生（齐）：论点。

师：对，而他用了三个事例，就是议论文当中的——

生（齐）：论据。

师：好，而这样的一个证明的过程叫作——

生（齐）：论证。

师：论证的方法有很多种，我们今天学的是举例论证的方法，这种"举三反一"你们现在弄清楚了吗？

生（齐）：弄清楚了。

师：那么，接下来我们要举一反三了。学了这个方法，就要学会用。有人说，"有志者事竟成"，你们同意这种观点吗？那么，为了让别人能够赞同这个观点，我们可以用什么方法？

生（纷纷）：举例论证。

师：我这里准备了很多例子。你们能从这些例子中挑选出几个你觉得最能证明这个观点的例子，并且告诉我为什么吗？在你的抽屉里藏着一些例子，把它们拿出来，动笔勾一勾，选一选。

（生拿出学习单：1. 春秋时期，吴越相争，吴胜越败，越王勾践沦为阶下囚。但他不甘屈服，立志复仇，最后终于打败了吴国，留下了"卧薪尝胆"的千古美谈。

2. 英国著名物理学家霍金因患"渐冻症"而瘫痪，但他仍致力于宇宙论和黑洞的研究，取得突出成就，并写下《时间简史》，被人们尊称为"宇宙之父"。

3. 美国发明家爱迪生一生只上过3个月的小学。这个被认为是低能儿的人能成为举世闻名的"发明大王"，很大程度上要归功于母亲的无限谅解和耐心教导。

4. 法国著名波兰裔物理学家、化学家居里夫人为了证实放射性物质镭的存在，与丈夫一起历经精神与体力的双重磨难，终于在几十吨的铀沥青废渣中提炼出0.1克的镭，并成为历史上第一个获得诺贝尔奖的女性。

5. 我国当代著名女作家张海迪5岁时因为意外事故而高位截瘫，但仍坚持自学小学到大学课程，并精通多国语言。2017年，张海迪获得国际残奥委会主席参选提名。

6. 《假如给我三天光明》的作者海伦·凯勒是美国现代女作家、教育家、社会活动家，她自幼失明，却没有自暴自弃，她读盲文、学手语，出版多篇著作，到世界各地宣传助残，成立"海伦·凯勒国际奖"一奖项。

7. 茅以升10岁那年在家乡过端午，目睹桥塌死伤无数，他暗下决心：长大了一定要造出最结实的桥。从此他四处看桥、研究桥、学造桥……新中国成立后，他建造出钱塘江大桥、武汉长江大桥等现代钢铁大桥，成为我国著名桥梁专家。）

师：已经做好选择的同学来跟大家交流一下。你来吧。

生：第二个，第六个，第七个。

师：二、六、七，是吧？好，说说你的理由。

生：因为要证明"有志者事竟成"，所以我看到英国著名物理学家霍金虽然瘫痪了，但是他还是坚持研究黑洞和宇宙论，然后……

师：这是他"有志"。

生：然后写下《时间简史》这本书，被人们称为"宇宙之父"，这是"事竟成"。第六个，海伦·凯勒失明却没有放弃自己，出版很多著作……

师：这也说明她"有志"，最后"事成"对吧？

生：第七个，茅以升目睹桥塌死伤无数，暗下决心，最终建造出钱塘江大桥等现代钢铁大桥。

师：那我觉得很奇怪呀，这里面有很多事例都能证明"有志者事竟成"，你为什么对这三件事情有独钟？你选择的理由又是什么呢？

生：您刚刚说选择事例可以不只来自一个国家，所以我就从不同国家选了一个。

师：把掌声送给他，这叫学以致用，非常好。他能够先找观点，然后再找不同的角度，这样的思考过程非常好。请你来。

生：第一个，第二个，第四个。

师：好，一、二、四。

生：第一个越王勾践沦为阶下囚不甘屈服，立志复仇，最终打败吴国。

师：失败不失志。

生：第二个，霍金本身就患有疾病……

师：有病也要有志。

生：第四个，居里夫人与丈夫历经双重磨难终于提炼出0.1克镭。

师：我从她的分析中听出来了，这些有志者不管遇到什么样的困难都坚持志向，最后获得成功。还有谁想说一下？最后请这位同学吧。

生：我是选择了第一个、第四个和第七个事例。我首先关注了"有志者事竟成"中的"志"。我圈了一些关键词，第一个事例是"立志复仇"，第四个事例是"为了证实"，第七个事例是"暗下决心"。其次，关于国籍这个角度，我认为第一个和第七个虽然主人公都是中国的，但是他们所处的时代不同。第四个和第七个都是近代发生的事情，但是主人公国籍不同，所以我认为这三个事例排在一起是不会有相同点的。

师：她的观点非常清晰，选的事例也能够非常清楚地佐证她的观点。掌声！同学们，我们课后小练习中还有一个大家非常非常感兴趣的话题，是什么？

生（齐）：玩也能玩出名堂。

师：被爸爸妈妈总是唠叨"只想着玩儿"的举手。

（齐刷刷举手一大片。众人笑。）

师：那我们今天学的这个是不是很有用？回去说服爸爸妈妈要用什么方法？

生：跟父母举几个例子，告诉他我这是以理服人。

师：真好，大家可以群策群力，说例子，做选择，选出最佳组合来证明你们的观点，好吗？

生（齐）：好。

| 点　评 |

　　及时迁移运用,将知识转化为能力。我们发现,学生在选择事例的时候,都做到了以下三点:一是考虑这些事例的"说服力",也就是事例对观点的支撑力度;二是考虑事例的个数,都是三个,尽管李虹老师没有刻意强调,但是学生都不约而同地选择了三个,这就是潜移默化的力量,与课前的游戏呼应起来,或者说,课前的游戏发挥了应有的作用;三是考虑这些事例在国籍、年代方面的分布,尽量做到角度丰富,让观点更站得住脚。

五、课堂小结,延伸升华

　　师:这堂课快结束了,最后想问同学们,假如让你用一个标点符号来为今天的课作一个注解的话,你会选择哪个标点符号,为什么?

　　生:我选择感叹号,因为课文中就是把问号拉直变成感叹号。

　　师:你今天来上课之前有什么样的问题?

　　(生笑而不语。)

　　师:没有问题的话,我们的课堂就不可能深入,也很难有感叹号的结局。当然,也许是李老师问的这个问题太突然了,我相信你应该是带着问题来上课的。如果是带着问题走进来,最后问号能够变成感叹号,把这个问题解决了,说明这堂课是有效的。有没有带着问号作结尾的?请你说。

　　生:问号先变成感叹号,再后来发现问号是很重要的,我们需要发现很多问题,所以就带着问号走出来。

　　师:同学们,没错!不仅真理诞生于一百个问号之后,实际上我们的知识的获得也是在一百个问号之后,希望你们能把更多的问号拉直变成——

　　生(齐):感叹号。

　　师:并且永远保持这种好问的心态。

| 点 评 |

　　李虹老师的结课也很艺术：让学生用一个标点为今天的课做注解。学生最后明白了李虹老师的用意：我们应该时时刻刻保持一颗好奇的心、爱问的脑，这样才能不断获得新知、获得成长。

―――― 总 评 ――――

　　李虹老师执教的《真理诞生于一百个问号之后》，简约、清爽。

　　李虹老师的教学目标很简约、很清爽。课堂上，李虹老师首先引导学生弄清了文章的论点、论据，弄明白了作家的论证思路（先写现象，次写思考，再写探究解决问题、发现真理）、论证方法（事例论证、举三反一），然后让学生尝试围绕一个论点选择论证材料，学生初步掌握了事例论证的方法。课堂不枝不蔓，干干净净，清清爽爽。

　　李虹老师的教学手段很简约、很清爽。导入，玩一个小小的游戏；概括事例，运用列小标题的方法；分析事例，借助表格；学习事例，从正面和反面思考三个事例的相同点和不同点；迁移运用，给出一些事例，供学生选择并说明理由……每一个步骤，都很好地将目标落到实处，但教学手段并不花哨，用起来简简单单，清清爽爽。

　　李虹老师的教学内容很简约、很清爽。很长一段时间，我们的语文教学一直陷在"内容理解"的泥潭里而不自知，更难以自拔。现在，"形式揣摩""指向写作"成了很多老师的自觉追求。李虹老师的这节课，大胆取舍，轻"内容理解"而重"形式感悟"，直奔表达秘妙。这样的教学内容裁剪，让我们看到一种巾帼豪气！"有舍才有得"，这样的教材处理，利利索索，清清爽爽！

　　李虹老师的课例大气，但不失细腻。比如，她对新旧教材的对比研究、她对例文中主人公国籍的关注，都反映出李虹老师解读文本极为细腻的一面。课堂上，她的招牌微笑、她的亲切教态，无不散发出语文教师的独特魅力，让学生深深陶醉在她的课堂里。"亲其师、信其道"，课堂上的孩子们如沐春风，做李老师的学生应该很幸福。

时光追踪　步步追问
——"自由作文"习作教学实录及点评

评析：长沙市岳麓区小语教研员　熊社昕
地点：浏阳进修学校

一、课前游戏，放松情绪

师：看到台下有这么多老师听课，紧张吗？咱们一起来玩一个缩字游戏，放松一下。老师说一个二字词，你们缩成一个字，看谁最快！

姐姐、弟弟、哥哥、妹妹、妈妈

老师、学生、母亲、阿姨、姨妈

冬瓜、西瓜、南瓜、苦瓜、傻瓜

（教师借思维定式精心设"坑"，学生们一不留神，就把"母亲"称作"亲"、"姨妈"称作"妈"、"傻瓜"称作"瓜"……教室里笑声一片。）

二、对话"要求"，课堂诊断

师：缩字游戏好玩吗？汉字有意思吗？今天，咱们要玩一个更高级一点的文字游戏——用汉字习作。那么，今天咱们究竟要写一篇什么习作呢？请翻到教材第 118 页。谁来读读习作七的要求？

师：这一次习作要求我们写什么？

生（开心地）：哈哈！自由写，想写什么就写什么。

师：那好，马上动笔，你们想写什么？

（生面面相觑。）

师：好吧，从你们的表情中我看出来了，自由作文，越自由越不知道写什么了，是吧？（板书：写什么。）

三、时光追踪，开启思路

（一）牛刀小试

师：别急，今天李老师给你们带来了一个宝贝——时光追踪仪，保证你们马上就能找到写作素材，信不信？

师：不管信不信，咱们先来试验一下，从最近的24小时开始追踪，行吗？拿好你们的笔，准备好你们的纸，闭眼，认真听老师的提示语，不过，如果你们的脑海中浮现出什么精彩的画面，就赶紧睁开眼，把它记录下来。还记得上课初咱们玩的缩词游戏吗？为了节约时间，做到一边听，一边想，一边记，我们要把自己想到的题材缩成一个词，甚至一个字。

师（用缓慢的语气提示）："丁零零！快起床！丁零零……还不起来？！啪！！"唉！亲爱的孩子们，你们的清晨是在几重奏的起床曲中开始的？吃完爱心早餐，背着书包上学去啰！出门前家人有什么交代？路上发生了什么特别的事？或者你是否有了什么新的发现？是天气的突变、路边的小店，还是今天遇到的新老师……

（生边听边记下自己想到的题材。）

师：好的，睁开眼，咱们一起来交流一下，你们追踪到了哪些题材？

生：起床曲。

生：爱心早餐。

生：新老师。

生：妈妈的唠叨。

…… ……

师：一个字都没写的，请举手。

（七八位生举手。）

师：没关系，我们请追踪到的同学来传授一下经验。

生：我听了老师早上起床的那一大段提示，马上想到早上妈妈叫我起床时，从温柔地唤醒到狂吼到动手的变化，所以就记下了"起床"这个词。

师：是啊，咱们的这个时光追踪机就是为了让你们想起忽略了的人、事、物。所以在听的时候，一定要沉下心，静静地听，并深深地联想。

生：我光听了，来不及记。

师：有什么办法解决吗？来，我们看看这个同学的记录——"M×5"，啥意思？

生：我是想写妈妈好唠叨，就像有5张嘴。

师：对啊，记得越简单越好，只要自己看得懂就行。

师（小结）：现在掌握诀窍了吗？两点：一是要静静地听，进行丰富的联想；二是要快速简单地记。

（二）正式追踪

师：继续闭上眼，咱们接着在时光的隧道里穿梭。

（1）让我们细细回想，从昨天到现在，哪节课给你留下了最深的印象？你是否够倒霉，碰到了你最讨厌的一门课？这次的课给了你惊喜吗？又或者，你是否趁机开了个小差？那么，你最喜欢的课呢？

（2）下课的铃声响起，你最喜欢的游戏是？又或者你是否站在某处静静地观察校园：哪个角落最美？哪块墙上的斑斑驳驳让你有了奇妙的联想？

（3）放学了，班主任老师怎么小结我们一天的表现呀？你注意到老师的表情没有？这一天，谁笑了？谁愁眉苦脸？谁恶作剧了？班上有什么新闻呢？

（4）放学路上，大家都如归巢的鸟儿一般往家里赶。"嗨！"哪位同学追上来啦？你们聊了什么新闻吗？是不是还一块儿约着做了件有趣的事？

（5）到家啦，快做作业吧！哪道题不会做？哇，哪本课外书让你着迷？还有，电视里的新闻、饭后最快乐的亲子活动……

（6）哎呦，夜深啦。躺在床上，你想起了谁？某个人？某件事？某样东西？某个愿望？你做美梦了吗？梦见了什么？……

师：睁开眼睛。想到了啥？一起用手势告诉我，你记录了几个词？

（生纷纷举手示意，最多的记录了近10个词。）

师：小组开火车，交流自己记录的题材。

生：《童话》、作文课……

师：我发现你还画了三个小人儿，这是干什么呢？

生：下课时，我和小伙伴们玩"我们都是木头人"，这个同学一只脚站着，都麻了。

师：真有意思！后面的同学接着说。

生：早晨、语文、花店、爱生气的老师、词语接龙……

生：英语课、新汽车、微笑、数学题、哭……

生：呆、吃、恐怖的梦、数学课上的小差……

师：我对你这个"呆"很好奇。

生：这是我最不喜欢的一堂课——音乐课。音乐老师的声音好温柔，说着说着，就像唱的那个摇篮曲一样，我总忍不住发呆。

生：新老师、卖快乐、躲猫猫……

…… ……

师：现在你们发现了吗？这个时光追踪机到底有什么作用啊？

生：帮我们找到找作文题材的方法。

师：对，我们可以把这种方法叫作时光追踪法。一起来回忆一下怎么追踪！

生：先闭上眼睛，然后听老师的提示，想自己的生活，最后把想到的精彩的画面记下来。

师：说得很好，我们的生活是这样丰富多彩，肯定有很多事情躺在大脑的某个角落，当我们以后作文觉得无事可写时，就可以像这样，用时光追踪法——

生（齐读课件）：闭上眼，静下心，把最近发生的事、见过的人、走过的路，一点一点、一段一段地推想出来，抓住脑海中跳出来的场景。

四、示范分析，步步追问

（师指名读课件。）

生：通过时光追踪，你追踪到了哪些材料？请从这么多的材料中选择一个内容，然后写一个100字左右的片段，内容要具体，语句要通顺。

师：什么要求？（板书：怎么写。）

生：要求写一个100字的片段。

师：片段，和一篇完整的作文有什么不同？

生：不用开头和结尾。

师：对，也就是写你刚刚想到的那个最精彩的画面。还有别的要求吗？

生：内容要具体，语句要通顺。

师：具体、通顺，你们觉得，比较难的是什么？

生：具体！

师：怎样写具体呢？李老师这里带来了咱们班同学的一篇作文片段——

[课件出示片段（一）：

缩词游戏？这也太难了吧。

"姐姐。"李老师说出第一个词。

我谨慎地回应："姐！"]

师：你们觉得他写得好吗？对照要求，咱们来评价一下。

生：语句很通顺了。

生：我觉得还不够具体。

师：那，怎样才能写得更具体呢？

生：加点儿修饰语。

师：对！可怎么加？在哪里加呢？再给你们一个法宝：步步追问。（板书：步步追问）比如说第一句，可以抓住"难"追问，为什么觉得难？难到什么程度？难得像什么一样？

生：因为害怕会遇到不会缩的词，所以觉得好难。

生：非常难，跟考试差不多了。

生：难得像一块石头堵在了嗓子眼儿里。

师：是呀，这样一追问，句子是不是就具体起来了？那么后两句呢？你们觉得可以怎么追问？

生：我想抓住"说"来追问：怎么说？李老师为什么这样说？

生："谨慎"，我们为什么要谨慎地回应啊？

…… ……

师：就是这样，经过步步追问后，这位同学重新修改了她的作文——

[课件出示片段（二）：

缩词游戏？只能从原词中选一个字，还要意思不变？天，这也太难了吧！李老师啊，你这咋叫游戏啊？叫"油锅"还差不多，准烤得我们"焦头烂额"！

"姐姐。"没等我们多想，讲台上，李老师已经一字一顿地吐出了第一个词。

啊？！这，这也太简单了吧。这李老师是把我们当成了幼儿园的小朋友，还是在跟我们玩脑筋急转弯呢？我犹豫了片刻，才谨慎地回应："姐。"]

师：现在这样改，具体些没有？你们最喜欢修改后的哪一处？为什么？

生：我最喜欢"李老师啊，你这咋叫游戏啊？叫'油锅'还差不多，准烤得我们'焦头烂额'"！太幽默、太搞笑了！

师：没错，幽默是作文的最佳"调味品"。

生：我喜欢这一句——"这李老师是把我们当成了幼儿园的小朋友，还是在跟我们玩脑筋急转弯呢？"这个心理活动写得非常有意思！

师：对！习作一大绝招，就是跟读者"掏心掏肺"。所以我们写作文时也别忘了多追问自己的内心想法，多捕捉细节……

五、现场习作，现场反馈

1. 学生自由习作 10 分钟。

2. 现场交流习作。

附：学生习作

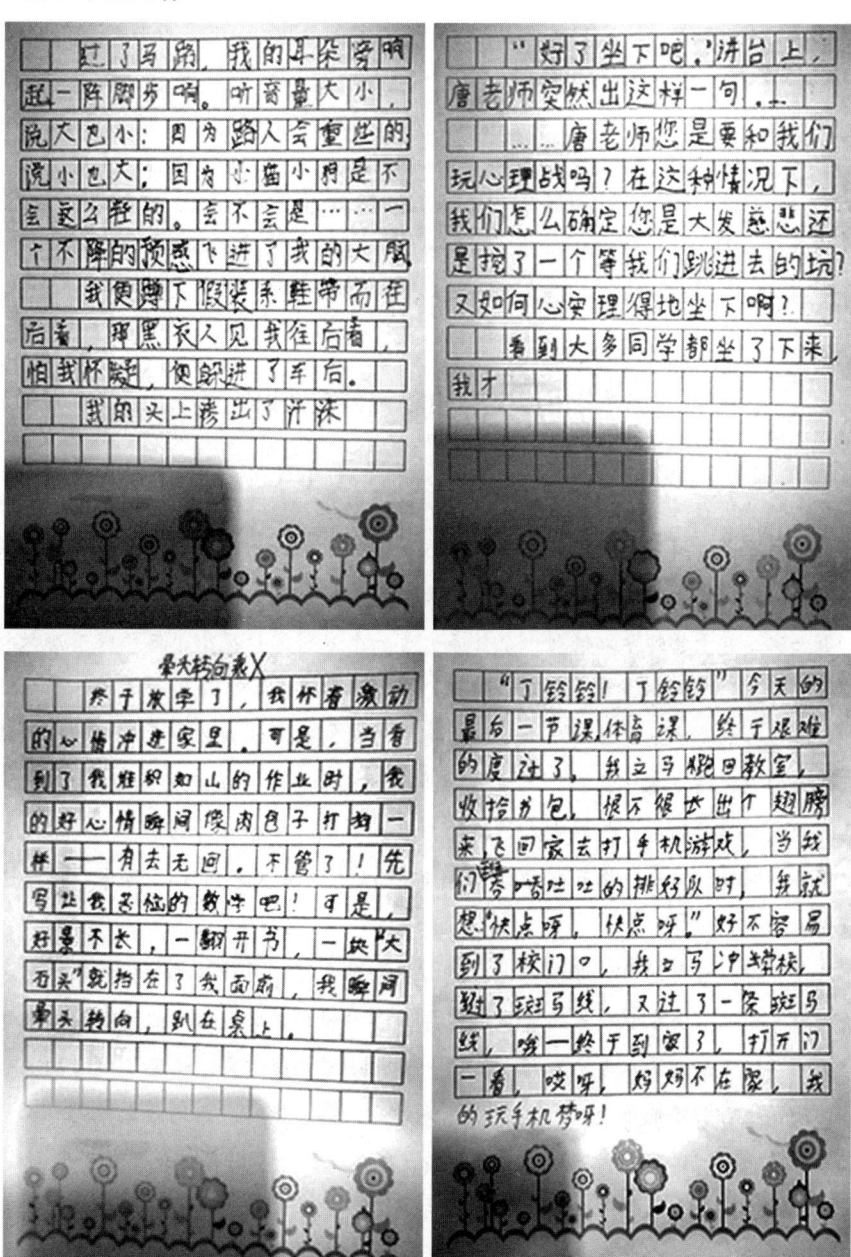

> 过了马路，我的耳朵旁响起一阵脚步响。听声音大小说大包小：因为路人会重些的说小包大；因为小猫小狗是不会这么轻的。会不会是……一个不降的预感飞进了我的大脑。
> 我便蹲下假装系鞋带而在后看。那黑衣人见我在后看，怕我怀疑，便钻进了车后。
> 我的头上渗出了汗珠。

> "好了坐下吧。"讲台上，唐老师突然出这样一句。
> ……唐老师您是要和我们玩心理战吗？在这种情况下，我们怎么确定您是大发慈悲还是挖了一个等我们跳进去的坑？又如何心安理得地坐下啊？
> 看到大多同学都坐了下来，我才

晕头转向表X
> 终于放学了，我怀着激动的心情冲到家里。可是，当看到了我堆积如山的作业时，我的好心情顿时像肉包子打狗一样——有去无回。不管了！先写些我爱做的数字吧。可是，好景不长，一翻开书，一块"大石头"就挡在了我面前，我呼昏头转向，趴在桌上。

> "丁铃铃！丁铃铃"今天的最后一节课体育课，终于艰难的度过了，我立马跑回教室收拾书包，恨不得长出个翅膀来飞回家去打手机游戏。当我闪躲着吐的排好队时，我就想"快点呀，快点呀"好不容易到了校门口，我立马沿着斑纹，跨了斑马线，又过了一条斑马线，唉一终于到家了！打开门一看，哎呀，妈妈不在家。我的玩手机梦呀！

[板书设计]

```
                    自由写
              写什么：时光追踪
              怎么写：步步追问
```

—————— 点　评 ——————

"自由作文"也需"精准知识"

长沙教育界有一个"志愿者服务"的团队，由骨干教师组成，他们采用"送教下乡"的方式服务于有需求的农村学校和教师。每次活动，先由农村学校提出自己的困惑和需求，再由骨干教师通过做讲座、上课或专题研讨的形式"送教"。

有一次，骨干教师李虹接到一个任务：有一个乡村学校提出，三年级下册教材中的"自由作文"教师教学时，摸不着要领，希望李老师能给他们上一节示范课。

这次习作的要求是这样的：最近，你有没有特别想写的内容？这次习作，就请你把最想写的内容写下来。比如，一次旅游见到的景物，一件有趣的或让人后悔的事，自己喜欢或不喜欢的人，想对别人诉说的愿望、委屈，一个奇特的想象……总之，写景、记事、写物、写人、展开想象编故事都可以。要注意把内容写具体，把句子写通顺。

一般来说，这样的习作课最好上，任由学生自由写，写什么都行。教师只需要做好讲评就可以了。统编教材中还有多次这样的自由作文，比如四年级下册的第八单元习作、五年级下册的第八单元习作。教材中多次安排自由作文，体现了编者的良苦用心：为小学生习作降低难度，激发兴趣，鼓励他们自由倾吐，想写什么就写什么，想怎么写就怎么写。这是一种开放的习作题型：思想上放开，内容上放开，体裁上放开，语言上放开，方法上放开……

通过调研，一部分学生面对这种开放型的习作题一下子"懵"了，居然不知道该写什么、怎么写；还有一部分学生把以前写过的作文稍加调整就应付交差了。有些老师也倍感困惑：不做指导，直接让学生写作，又怕"教作文"变成了"叫作文"；进行指导，又怕"自由作文"变成了"听音响作文""编童话习作"……也就是说，只要进行某种类型习作的指导，就违背了"自由作文"的要求。

选择上"自由作文"展示课，需要策略，还需要勇气。李虹老师迎难而上，她的尝试为我们打开了一扇窗。

一、"写什么"需要"精准知识"

"小学习作要不要教？"对这个问题，不同教师有不同看法。一部分教师认为，小学生习作讲究无拘无束，自由表达，教师提供的习作方法和技巧往往局限了学生的思维，限制了学生的创造力，导致学生习作时胡编乱造，没有真实情感；也有教师认为，部分教师甚至专家之所以会"谈法色变"，是因为教师提供的"法"或笼统空洞，或牵强附会，或隔靴搔痒，不是"精准知识点"。找准习作教学中的"精准知识点"，不但不会束缚学生的思维，反而会帮助学生打开思路，写起来更加灵活自如。

"巧妇难为无米之炊"，小学生习作的一大难点，就是没内容可写。虽然生活丰富多彩，但是在小学生看来，每天的生活基本一样，没什么值得写的内容。所以，即使遇上了"自由作文"，他们仍然咬着笔头，不知道写什么。可见，本次习作，学生最需要的"精准知识"就是"积累和选择材料"。

李虹老师发明的"时光追踪仪"就是本次习作的"精准知识"。李老师这样向学生介绍自己的发明："闭上眼，静下心，把最近发生的事、见过的人、走过的路，一点一点、一段一段地推想出来，抓住脑海中跳出来的场景，用简短的词语记下来。"

类似这样的"仪器"，作家也在用。比如，周国平在《风中的纸屑》一书的前言中提道："在我的桌上、床头、手边，总是备着一些小纸片，脑中闪过了自以为有点儿意思的念头，就赶紧记下几个字来，空闲时便据此写成连贯的句子。那几个字，别人看了一定莫名其妙，但对于我来说可重要了，它们是唤醒记忆的线索，没有它们，那些一闪而过的念头就不知会逃逸到什么地方去了。"

习作方法不只是语言表达、布局谋篇的写作技法，李老师还针对学生实际困难，把"积累材料"也当作"方法"。"精准知识点"找好了、用好了，相信大家也不会再"谈法色变"了。至于从众多的材料中寻找一个最值得写、最想写的内容，那只是小事一桩，因为习作内容不再是"无米之炊"了，而是有很多"米"，从中筛选最合适的就行。

二、"怎么写"需要"精准知识"

教材对本次习作的选材没做具体要求，只要把"最想写的内容写下来"就行。在习作内容上，提出"把内容写具体，把句子写通顺"这一常规要求。"具体、通顺"是中年级孩子习作的难点和重点。李老师和学生交流，师生共同商议把"写具体"作为本课的重点。

在平时的习作讲评课中，学生也能发现某篇习作存在"不具体"的问题，但是，到底怎样才能写具体呢？学生很难提出有效的建议。可见，"写具体"也需要具体的方法，需要"精准知识"。

"步步追问"是李老师的另一个"法宝"，也就是"写具体"的"精准知识"之一。李老师告诉学生抓住某个字、某个词进行追问，比如，抓住"难"追问："为什么觉得难？难到什么程度？难得像什么一样？"通过追问和探寻答案，学生找到了"写具体"的具体方式。

"授之以鱼，不如授之以渔"，学生学会了"步步追问"这一个"渔"，就能举一反三。学会了"捕鱼"，他们也能找到这样带有"空白"的关键词进行"追问"。课堂上，学生们有的找到了"说"，有的找到了"谨慎"……通过对这些词语的"步步追问"，学生们知道了怎样写具体。

为了巩固"步步追问"法，李老师还和学生们一起"解剖了一只麻雀"——一起赏析老师修改的案例："现在这样改，具体些没有？你们最喜欢修改后的哪一处？为什么？"具体案例讲评，直观、形象。

李老师运用"时光追踪"和"步步追问"两个法宝，也就是两个"精准知识点"，让学生在课堂上十分钟之内就完成了片段练习，既做到了"自由作文"的"无拘无束"，又让学生"有法可依"。

《小小"动物园"》教学实录及点评

点评：山东省东营经济技术开发区东凯小学　李玉玺
地点：湖南大学子弟小学

一、猜谜导入，关注动物特点

师：喜欢动物吗？

（全班小手如林。）

师：了解动物吗？有一点怀疑是吧？来测一测自己对动物的了解程度。我们玩个游戏，名字叫作——

生：动物猜猜猜。

师：有请第一位动物。（课件出示谜面：个子高，脖子长，脑袋顶到云朵上。扯块夜空做衣裳，披了一身星星亮）谁猜出来了？

生：我觉得这个动物应该是长颈鹿。

师：证据是什么？

生：因为它长得那么高，顶着头。

师：不是顶着头，而是头顶着……

生：头顶着天。这么高的动物，还有长脖子，一般都是长颈鹿。

师：你们的答案是什么呢？大家一起连呼三遍，看能不能把它请出来。

生（齐呼）：长颈鹿！长颈鹿！长颈鹿！

（课件出现长颈鹿图片，全班欢呼。）

师：好，第一个谜语被"秒杀"掉了，我们来个长一点的。这是什么动物呢？（课件出示：每次到动物园，最想看的总是它。它全身都是条纹，有点儿像西瓜。那些条纹有多少？试着去数数它。没想刚数到一半，就已经头昏眼花。）

生：我觉得应该是斑马。

师：证据呢？

生：因为它的条纹很多，而且看起来像西瓜。

师：他从这么长的谜面中提取到一个关键信息：条纹多。了不起。

二、悦读绘本，初试"用动物写人"

师：事不过三。最后一个，看看这回能不能难倒大家。请你来读读看。

生：一头金发蓬松松，脾气暴躁别乱惹，大吼一声地也抖。（声音很小。）

师：看来小女生被它给吓住了，它是谁？

生：狮子。（声音仍然很小。）

师：果然是被它给吓住了。老师站在你身边，给你点勇气，能大声地告诉我们证据在哪里吗？

生：一头金发。

师：哦，毛发为证，有道理。其他同学呢？

生：我猜也是狮子，因为狮子的声音很大。

师：好，毛发为证、声音为证，还有吗？你说。

生：狮子！因为它的脾气，你惹它的话，它就会发狂，它发狂了可不好惹。

师：还有脾气为证。证据确凿，咱们一起把它请出来吧。

生（齐呼）：狮子！狮子！狮子！

（课件上出现"我妈妈"图片。全班惊呼。）

师：哈哈，你们都认为是狮子，可答案却是"我妈妈"。这到底是怎么回事呢？谁能用这样的句子来说说理由？（课件出示句式：我的妈妈是狮子，因为_____。)

生：我的妈妈是狮子，因为妈妈脾气不好，我和爸爸都不敢惹她。

师：和狮子脾气相似，不好惹！好，还有吗？

生：我的妈妈是狮子，因为我表现不好的时候，妈妈总会大吼大叫。

师：声音一样。

生：我的妈妈是狮子，因为她有一头金发。

师：金色卷发，外形也相似是吧？亲爱的同学们，这个妈妈实际上出自一本特别好玩的绘本——

生：《我妈妈》。

师：它的作者是英国著名绘本大师安东尼·布朗。我们一起读读看。

(课件出示绘本《我妈妈》，师生共读。)

师："我妈妈真的，真的很棒！"刚刚在读绘本的时候，很多同学在下面都忍不住悄悄地笑。没关系，课堂上想笑就可以大胆地笑出声，声音就是用来表达我们的情感的。但我想知道你们为什么读得这么开心？

生：非常真实。

师：真实？什么让你觉得很真实？

生：因为他说妈妈"像蝴蝶一样漂亮"，我就好像看到了我的妈妈，也是每天穿得花枝招展的。还有，"像犀牛一样强壮"，我也会想到我妈妈一手抱妹妹一手提车子的样子。

师：哦，我明白了。作者根据妈妈的特点，把她变成各种动物展现在我们面前，我们就觉得特别鲜明，特别真实了，是吧？非常好！亲爱的同学们，我们平常写得最多的是把动物当成人，这种写法我们把它叫作拟人。可我们今天却把人当成了动物——

(一生插嘴：拟动物。)

师：哈哈，我挺喜欢这种说法的。那么接下来我们也像这样来玩一把"拟动物"，把我们的家人变一变。[（课件出示句式：我的_____是_____(动物)，因为_____。]

生：我的哥哥是头狮子，因为他特别容易发火。

师：你的亲哥哥？天哪，我比较为你的生活而担忧。

（生齐笑。）

生：我的舅舅像长颈鹿，因为他非常高。

师：哈哈，大家猜他小时候最喜欢坐在谁的脖子上面？

（生笑着叫：他舅舅。）

师：这样就能够看得高，望得远了，是吧？

生：我的姐姐像犀牛一样，因为她的力气非常大。

师：来，说说犀牛姐姐为你干了些啥？

生：我们家饮水机的水都是姐姐换的！

…… ……

三、思维导图，建立"动物家园"

师：光变一个家人，太孤单了吧，咱们接下来玩大点儿。（板书——我家是个动物园）怎么变？（指名读课件要求：先想想，你的家人和哪种动物比较像？什么地方像？再完成思维导图。）

（生自主思考，完成思维导图。时间4分钟。）

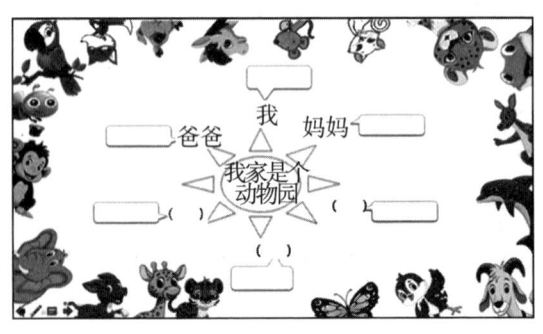

师：同学们，停下手中的笔。刚刚李老师已经看了很多很多非常有特点的动物园，我已经逛得乐不思蜀了，你们也想逛吗？李老师选了些动物园思维导图。（投影仪展示实物）你们最想听谁的？为什么？

生：我想听×××和×××的，因为他们的动物园不像别的同学那样都是老虎、狮子、猴子什么的，而是有袋鼠啊、海豚啊、树懒啊。

师：所以你们看，当选择的动物比较新奇的时候，是不是更能激起读者阅读的兴趣？这一招要学。

生：我最想听×××的，因为他平时想象力就很丰富。

师：那好，咱们就请几位"动物园长"上台来介绍一下自己的动物家园。

（第一位生上台。）

生：我的爸爸像一只猪一样，因为他总是好吃懒做。

（全班笑。）

师：对爸爸批评得毫不留情啊。

生：我的妈妈和大多数同学的妈妈一样比较凶猛，所以我觉得她就像头狮子。我的表哥比较狡猾，总是捉弄我，所以我就觉得他像一只狐狸一样。我的妹妹嘛，我觉得她就像一只树懒一样，说话做事都慢吞吞的，急死人！

（全班又笑。）

师：哈哈，你的描绘让我们想到了《疯狂动物城》里的"闪电"。

生：因为海豚是一种高智商动物，我觉得我表弟蛮聪明的，所以他是海豚。我觉得我就像豹子一样，因为我运动会上跑得很快，总是得第一名。

师：你和你表弟一样都具有高智商。同学们来评评看，你们觉得他的动物园怎么样？

生：我觉得他们家非常有趣。

师：是啊，把人当成动物来写，就能带给我们新鲜而有趣的感觉。

生：我觉得他们家每一个人都超级有特点，而且跟他比作的动物也很像。

师：这位同学很会听，完全可以当老师了。他的评价正是我们这次习作的第一个要求——

（师板书，生齐读：抓住特点去想象。）

师：请同学们对照这个要求检查一下自己的思维导图，觉得自己做得不错的，欢迎上台跟大家介绍。

（第二位生上台。）

生：我像一只小鸟，因为我特别喜欢说话，一直说个不停，叽叽喳喳的。我的爸爸像只恐龙，因为有时候他脾气很暴躁，很恐怖。但我的妈妈却像小猫一样温柔。我的表妹像一只小猪，憨憨的很可爱。我的表姐像一只小鹿，很漂亮，暑假的时候经常和我一起玩。我的外婆有一颗像蝴蝶一样美丽的心灵。

师：看看她的思维导图，你们知道我为什么请她上台来介绍吗？

生：因为他给每个动物都加了形容词。

师：是呀，这样一来，家人各自的特点是不是就一目了然了？每一种动物都有很多的特点，抓住家人与某种动物最相似、最典型的一个特点来描绘，这样人物才会更鲜明。

（第三位学上台。）

生：我觉得我爸爸就像狮子一样凶猛，我弟弟如果惹了他，等待他的就是"竹笋炒肉"。我像海豚，因为我觉得海豚是一种很活泼、很贪玩的动物，我也是这样的，我还会玩手指顶球。我觉得我妈妈就像袋鼠一样，我和我弟弟有伤心的事情就会告诉妈妈，妈妈就会搂着我们，温暖我们。

师：我感觉到了，伤心的时候妈妈的怀抱最温暖。

生：我弟弟像调皮的猴子，有一次我们去桃子湖，要通过楼梯上天桥，楼梯上有很多人卖东西，有一位老太太给了他一包饼干，他拿着就跑了，我爸爸只好付了钱，赶紧去追他。

师：用一件具体的事例来证明弟弟的调皮，真好！

四、共读绘本，学习"以事写人"

（一）绘本引路，学习以事写人的方法

1. 学习方法一：一件事，具体写。

师：看到咱们玩得这么开心，有一个日本小朋友也想来参与，想请大家去参观他家的动物园。大家特想看日本小朋友家的动物园跟咱们会有什么不一样，是吧？你瞧，他来了——（课件出示绘本改编的下水文一，教师范读。）

我叫祥太，是个小男生，其实呢……

我是只小猴子，吃起香蕉来，啊呜啊呜两口，香蕉不见了；爬起树来，蹭蹭蹭蹭几下，我不见了。

　　家门口的那棵老槐树，就是我的猴窝。那次，我不小心又把妹妹惹急了，没等她的踢人功过来，我随手抓根香蕉往口袋里一塞，就冲出了家门，双手环抱树干，两脚一勾、一蹬，再抓住那根横生的树杈，一荡，就到了树上。骑上一根能倚靠的丫杈，剥开香蕉，再朝在树下直跳的妹妹做鬼脸，哈哈。

　　师：觉得祥太像猴子的举手。哇，全举手了，觉得他简直就是猴子附体的把手举得更高些！来来来，这一位同学第一个把手高高举起，你为什么把手举这么高？

　　生：因为我觉得猴子就爱吃香蕉，还会爬树，猴子会的他都会，所以我觉得他像猴子。

　　师：理由是抓住了特点，很好。你们呢，手举这么高，证据是什么？（师随机递话筒。）

　　生：我也觉得他的爬树水平很高。"双手环抱树干，两脚一勾、一蹬，再抓住那根横生的树杈，一荡，就到了树上。"运用了动作描写。

　　师：是呀，光说会爬树可不行，把爬树的一系列动作都写出来，才证据鲜明。再看看他用的动词"抱、勾、蹬、抓、荡"，有什么发现？

　　生：就是猴子的动作。

　　师：对！我们把人"拟动物"，最重要的一点就是要写出他的"动物性"，动作、语言、神态描写都可以"动物化"。

　　生：其实我也觉得他特别像猴子，特别特别像。因为猴子本身很调皮。你看他爬上树，还不忘给树下的妹妹做鬼脸。

　　师：是啊，每一个细节都不会忘记——"我是一只猴子"。同学们，祥太是如何介绍自己是一只猴子的呢？

　　生：通过具体的事例。

　　师：是的，通过一件具体的事去写人，而且具体地描绘人物在事件中一系列的动作、神态以及细节等，这样的写法我给它取个名字，叫作——（师板书：一件事，具体写。）

生（齐读）：一件事，具体写。

2. 学习方法二：三件事，分别写。

师：接下来我们再来看看他们家动物园里还有谁？（课件出示绘本改编的下水文二。）

这是我妹妹，茜茜。其实呢……她是只小白兔，最爱竖起耳朵听别人说话。

师：祥太说妹妹是什么动物？

生：小白兔。

师：证据呢？

生：因为她最爱听别人说话。

师：猜猜看，为了体现这个特点，证明妹妹就是只长耳朵的小白兔，祥太会举什么事例？

生：偷听大人说说悄悄话。

师：哈哈，关于这一点，你是不是很有经验？还有没有？请你说。

生：也许有时在等待的时候无聊，就把耳朵放在别人家的门上，偷听他们家里人在讲什么话。

生：也许"我"晚上讲梦话，都被妹妹听见了。

（全班笑。）

师：到底猜得准不准呢？继续看——

（课件逐段出示下水文二，指名学生读。）

每次在屋内玩"听脚步，猜人物"游戏，妹妹总是拿第一！

妈妈拿着我的10分试卷，把我骂得狗血淋头时，不用说我都知道，妹妹一定在窗下幸灾乐祸地听。

"滋滋滋……"厨房里真热闹呀——妹妹竖起耳朵一听，耸起鼻子一闻，立马大叫："呀！今天吃牛排！"

师：有没有出乎你们的意料？最精彩的地方在哪里？

（生讨论。）

师：你们发现了没有，祥太为了证明妹妹的特点，用了几件事情？

生：三件事。

师：他为什么要写三件事情？

生：因为我举一个事为例也许你不相信，我说两件事你可能还半信半疑，那我就说三件事。

师：肯定就相信了，对吧？老子的《道德经》中也有这么一句话，叫"一生再，再生三，三生万物"。所以在我们中国传统文化中，"三"代表多。我们很多时候都可以用上这种方法来写作——（师板书：三件事，分别写。）

生（齐读）：三件事，分别写。

3. 学习方法三：多件事，排比写。

师：他们家人真有意思，还想不想再看？

生：想！

（课件出示绘本改编的下水文三。）

师：这是我妈妈，明美女士。其实呢……她是只大浣熊。不管看到什么东西都马上收去洗。你瞧，妈妈每天都会大搜罗：

生（分组读）：爸爸的脏裤子，洗了！

妹妹的花裙子，洗了！

爷爷的长外套，洗了！

奶奶的晚礼服，洗了！

师：好吧，连缩在一堆脏被套中睡着了的我，也被丢进了大木盆，

生（齐读）：洗了！！！

师：我发现你们在读两个字的时候笑得不可开交，特别开心。哪两个字？

生：洗了！

师：再数数，一共几个"洗了"？

生：5个。

师：5个"洗了"，5件跟洗有关的事例，这样的表达让我们有什么样的感觉？

生：因为他讲了妈妈洗东西的5件事，所以就可以体现出来，妈妈非常喜欢洗东西。

生：尤其是最后一个洗了，把"我"也洗了，太好笑了。

生：洗了、洗了、洗了、洗了、洗了，连说5遍，超级魔性，想不记住都难！

师：是的，把5件事叠在一块写，把一个特点反反复复强调5遍，像叠罗汉一样，抓住一个关键词，把许多事情排列在一起，这也是一种特别奇妙的写法——（师板书：多件事，排比写。）

生（齐读）：多件事，排比写。

4. 总结写法。

师：我们回顾一下，祥太的动物园中，谁给你留下了最深刻的印象？为什么？

生：祥太的妈妈给我留下了最深刻的印象。

师：为什么呢？

生：因为文中突出了祥太妈妈的特点。她把爸爸的脏裤子洗了，妹妹的花裙子洗了，爷爷的长外套洗了……最后把祥太也洗了。

师：反复强调，再加上最后那个非同一般的事例让我们特别开心、印象深刻，是吧？

生：给我留下深刻印象的是祥太的妹妹，因为我真的太佩服她了，一听厨房里吱吱的声音就知道今天要吃什么菜。

师：这耳朵太灵了，你恨不得也有一对这样的耳朵，是吧？

生：给我留下最深刻印象的是祥太，因为我觉得他在介绍自己像猴子的时候加进了很多动作描写，那些动作描写把猴子调皮可爱的形象深深地刻在了我的脑海里。

师：非常好！我们发现，祥太之所以能够让我们爱上他的动物园之家，最主要是他写了很多动物家人的趣事。通过那一件件趣事，就让我们记住了一个个特点鲜明的人——（师板书：动物家人趣事多。）

生（齐读）：动物家人趣事多。

师：再回顾一下，怎么样用趣事来写人？前面教了大家哪三个法宝，还记得吗？

生：一件事，具体写。三件事，分别写。多件事，排比写。

(二) 片段作文，尝试运用以事写人的方法

师：学了不用，等于白学。接下来就是我们的操练时间啦。我特别期待看到你们的动物园。但是由于时间关系，咱们今天这节课无法像祥太这样把动物家人全部写下来，只能请你们从思维导图中选一个最想介绍、最有特色的家人，想想他有什么趣事。这三种写人的方法，你们可以任选一种方法来写。给大家8分钟的时间，完成一段片段描写。

(生写片段，师巡视、指导。请个别生上台展示，集体评议。)

五、总结写法，拓宽描写家人的角度

师：课上到最后，我要请同学们一起回顾一下，在今天的课堂上我们学到了些什么呢？

生：我学会了写人的三种方法：一件事，具体写；三件事，分别写；多件事，排比写。

生：我发现同学们的家人都非常有趣，我从他们那里学到了幽默。

生：是的，把人当成动物写非常有趣。

师：亲爱的同学们，我们今天发现换一个角度来写人，文章会更加有意思。但仅仅知道把人写成动物，我觉得还不够。想想看，假如让你们再换一个角度来描写你们整个家庭的话，你们还会把自己的家想象成什么？

生：军火库。

师：哇！晋升为军火库了？！最典型的军火是谁？

生：我妈妈是机关枪，我要是犯了错，就听着妈妈在我耳边哒哒哒。

师：而且还火力十足，是吧？

生：我家是一个大公司，我的爸爸是老板，我的妈妈是他的秘书，我就是跑腿的小员工。

生：我觉得我们家是部《西游记》。爸爸是猪八戒，原因我就不说了(笑)；妈妈是如来佛祖，我再怎么闹腾都翻不出她的手掌心；我是精力十足

的猴哥！

生：那我家就是《三国演义》……

师：非常好！你们瞧，换一种思路，我们的家可以是小小动物园，可以是你们刚刚设想的种种场景，甚至可以是小小植物园、小小游乐场、小小书店……今天回家，你们可以把这篇《小小动物园》写完，也可以换一种思路，用你们的想法来描写自己的家人，好吗？

[板书设计]

```
              我家是个动物园
                      ┌─ 一件事，具体写
      抓住特点去想象  ├─ 三件事，分别写
      动物家人趣事多  └─ 多件事，排比写
```

点 评

搭建学习支架，建构学历课堂
——以湖南大学子弟小学李虹老师《小小动物园》为例

"教学方式的转变将是新一轮基础教育课程改革的主要特征。"这是教育专家对基础教育课程改革方向的定论。课程改革的核心在课堂，课堂不变，一切皆不变。然而课堂的变革主要在教学方式，教学方式不变，一切皆不变。在统编教材全部铺开使用的当下，深度学习更是一个热门词语。如何让学生的课堂学习从浅表走向深入，让学习在课堂上真正发生，让学习方式真正发生改变？今天我从李虹老师执教的《小小动物园》这样一节习作课上找到了答案。让学生真正发生学习的课堂，需要教师有效搭建学习支架，努力让学生经历学习的历程。听完课后，"搭建学习支架，建构学历课堂"这样一个概念从我的头脑中跳了出来。我想，这就是"学为中心"的课堂教学标杆。李老师在本节习作教学中注重教学支架的搭建，引导学生一步一步经历从浅显地找出人物与动物的相似点到用具体事例来表达人物特点，这是一个由浅入深、由表及里的学习历程。

李虹老师的具体教学策略如下。

一、说话练习搭支架，引导学生初步经历相似关

李老师课堂伊始的教学设计就直指本节课的学习目标，我认为这是好的导入。教学导入环节一定是和教学内容紧密相连的，导入是铺垫，是前奏，是序曲，不可游离于教学目标之外。

李老师在这一环节，看似轻松愉悦的猜谜语导入方式，为后面教学目标的达成——抓住相似点搭建了一个有效支架。教学中，李老师提示学生们猜谜语时要抓住相应的证据，其实这就是引导学生们抓动物特点。例如："个子高，脖子长，脑袋顶到云朵上。扯块夜空做衣裳"，这是长颈鹿。李老师引导学生抓住的证据是"脖子长"，显然"脖子长"是长颈鹿的特点。教师搭建这样一个猜谜语的支架，为学生感知抓事物特点来学习人与动物的相似点做好了铺垫。接下来的环节，李老师在猜谜语的基础上利用《我妈妈》这一绘本引入学习的主题，利用"我的_____像_____（动物），因为_____"这样的句式进行语言训练。这是一个非常重要的支架，这一支架为学生架起了抓住家人与动物的相似之处的桥梁，让学生初步经历相似关。

二、思维导图搭支架，引导学生经历思维拓展关

学生经历说话练习之后，基本上都掌握了要想把自己的家人比作一种动物就要抓住两者之间的相似点这一方法。但是学到此处，学生对人与动物的相似点的认识还处在比较浅显的层次上，主要表现为：一是学生只会从单一的外形角度找相似点；二是学生还未真正理解把家人比作动物时的合理性。

于是，李老师再一次搭建学习支架，让学生经历思维拓展关，也就是她在课堂所讲的"脑洞大开"。此环节的教学支架李老师采用的是思维导图的方式，我想李老师最初的脑洞大开只是引导学生发散思维——还会想到家庭中的其他成员像什么动物。但在这一个脑洞大开的环节，也顺便达成了另外的一个效果，那就是学生在想更多家人与动物的相似点时，单一的外形相似已经无法满足众多人物的需要了。于是，学生的思路从单一的外形相似，拓展到性格、喜好等其他特点的相似。

一个学生在汇报中说道：表哥狡猾，像狐狸；表妹慢吞吞，像树懒；表弟像海豚，

因为智商高。另一个学生则直接运用了一些形容词：我是一只叽叽喳喳的小鸟；爸爸是脾气暴躁的恐龙；妈妈像温柔的小猫；表妹像憨憨的小猪。一张思维导图做支架，让学生经历的不仅是拓展家庭成员的位数，更重要的是让学生从外貌、性格、喜好等不同的方面来思考人物和动物的相似点。

三、创编绘本搭支架，引导学生经历深度表达关

按照单元习作的要求来看，教学到此处目标基本达成，剩下的任务学生进行习作书写、完成习作例文即可。回想我执教本习作的时候，利用绘本《我家是动物园》引导学生写一个人物与动物的相似之处，为了使描写较为详细，可以向绘本学习，从外形和喜好等几个相似之处进行描写。例如，可以模仿绘本上"我是只小猴子，吃起香蕉来，啊呜啊呜两下，香蕉不见了。爬起树来，蹭蹭蹭蹭几下，我不见了"。结果学生交上来的习作无非是几个家庭成员与动物相似点的罗列而已，徒有骨架而无血肉。出现这种情况的原因，我今天从李老师的课上找到了答案，也引发了我深刻的思考。

李老师用自己创编的绘本故事做支架，引导学生从浅表层次抓住人、动物相似点走向用具体事例来描写人物。这可谓本节课最重要的一环支架，也是用得最为巧妙的支架。然而，抓住人与动物的相似之处，写出家人特点，这属于一个抽象的概念。如何让学生从抽象的概念走向具体的语言实践，去经历习作的真实学习历程？李老师用了三个习作策略做支架。

李老师创作的第一个习作例文如下：

"家门口的那棵老槐树，就是我的猴窝。那次，我不小心又把妹妹惹急了，没等她的踢人功过来，我随手抓根香蕉往口袋里一塞，就冲出家门，双手环抱树干，两脚一勾，一蹬，再抓住那根横生的树杈，一荡，就到了树上。骑上一根能依靠的丫杈，剥开香蕉，再朝在树下直跳的妹妹做个鬼脸，哈哈。"

李老师通过这个例文给学生搭建的支架是"一件事，具体写"。也就是说，要把一个人的特点写生动，可以抓住能够体现人物特点的一个具体事例来写。

李老师创编的第二个习作例文是描写妹妹的，妹妹是只小白兔，最喜欢竖起耳朵听别人说话。李老师通过这个习作例文给学生搭建的支架是"三件事，分别写"，并且还让学生明白了描写三件事是因为能够更加突出人物的特点。

李老师为同学们创编的第三篇习作例文抓住妈妈是大浣熊，爱干净的特点，用具

体事例表达：

  你瞧，妈妈每天都会大搜罗：爸爸的脏裤子，洗了！妹妹的花裙子，洗了！爷爷的长外套，洗了！奶奶的晚礼服，洗了！好吧，连缩在一堆脏被套中睡着的我，也被丢进了大木盆，洗了！！！

  李老师通过这个例文给学生搭建的第三个支架是"多件事，排比写"。一件事，具体写；三件事，分别写；多件事，排比写"。学生经历了这样一个学习历程，不仅有了习作的内容，更经历了如何利用具体事例写清楚人物特点的真实学习过程。这一过程中学生的学习效果也是立竿见影的。

  学生的作品是检验本节习作课质量的重要指标。从学生展示的三篇习作看，我们可以明显地感受到学生的学习效果，从中我们也体会到了"搭建学习支架"真正的内涵，那就是：教师是学生学习的助力者、引导者，搭建学习支架是服务于学生的学习的。学习支架不是新的产物，它来源于"支架式教学法"。这种方法具体是指教学中教师为学生建构对知识理解的一种概念框架。建构主义者从维果斯基的思想出发，借用建筑行业中使用的"脚手架"作为上述概念框架的形象化比喻，其实质是把复杂的学习任务加以分解，以便于把学习者的理解逐步引向深入。李老师的这堂课也让我领略到了"构建学历课堂"的内涵，它应该指向的是：让学生在课堂上经历真实的学习历程，主动积极地学习，从而引发深度学习，达成语文素养的形成。"搭建学习支架，构建学历课堂"这一教学思想旨在转变以教为主的课堂，重建以学为主的课堂教学关系。李虹老师的这堂习作课引发了我对课堂教学方式的深刻思考。

教学设计

寻找汉字的秘密
　　　　——一年级下册《端午粽》教学设计

传承文化　学以致用
　　　　——三年级下册《古诗三首》教学设计

问题比内容更重要
　　　　——四年级上册《呼风唤雨的世纪》教学设计

静中生动　景中生情
　　　　——五年级上册《四季之美》教学设计

寻找汉字的秘密

——一年级下册《端午粽》教学设计

教材分析

"五月五，是端午……"端午节吃粽子是孩子们的乐事儿。课文《端午粽》以儿童的口吻生动地向我们介绍了粽子的样子、味道、种类，并点到即止地渗透了"端午节吃粽子是为了纪念屈原"这一文化意向。

一年级的教学，重中之重便是识字写字。这一课要求会认"端、粽、节、总、米"等13个生字和立字旁、米字旁2个偏旁；要求会写"午、节"等7个生字。生字这么多，我们怎么教？

在这一课的教学中，我尝试着从以下两方面入手，开展识字教学：一是分类抱团识字，二是遵循字理规律识字。

（1）结合偏旁识字，尝试"看偏旁，猜字义"，认识"端、粽、总、知、据、念"6个形声字。

（2）联系实物识字，让学生了解"米、豆、肉、带"这四个象形字原来都是食物。

（3）运用组词等方式，在具体语境中识记"节、间、分"。

关于要写的字，同样根据笔画规律，分类抱团练习书写：一是观察"午、真、豆、节"中横画的变化，练习写好长横，要求写平、写舒展；二是在"分、米"的书写中关注"撇、捺"的书写。

低年级语文教学的重点还有一项，便是朗读。因作品使用的是儿童口吻，所以文章易懂、好读，不需要做过多的分析。课文中大量出现了"青青的箬竹叶""白白的糯米""红红的枣""又黏又甜""美滋滋"等叠词，特别适合一年级学生进行叠词的积累和运用，丰富他们的表达。当然，叠词之美不需要多讲，会读、会用即可，在朗读和运用中让学生感受叠词的音乐美和形象美。

第二自然段中出现的长句子也是学生们朗读的难点所在，需要运用各种方法帮助他们练读、巩固。

教学目标

1. 结合汉字的构字规律，认识"端、粽"等13个生字和立字旁、米字旁等2个偏旁；会写"午、节"等7个生字，练习"长横"和"捺"画的书写。

2. 通过图文结合、联系生活实际，读懂课文，积累"青青的箬竹叶、白白的糯米、红红的枣、又黏又甜、美滋滋"等词语，并尝试着用类似的叠词描绘粽子的样子、味道等。

3. 正确、流利地朗读课文，注意长句子的断句。

4. 初步了解端午节包粽子、吃粽子的习俗、来历。

教学过程

一、读课题识字，发现"米"的秘密

以粽子实物引出课题。

瞧，这是啥？爱吃吗？今天我们就来学习一篇跟粽子有关的课文，谁会读课题？

课题里边藏着两个生字呢，这两个字都是什么结构？它们的偏旁是？（板书立字旁、米字旁。）

认识部首，学习生字，发现"米"的秘密。

（一）学"米""粽"，辨异同

1. 火眼金睛瞧一瞧，"米"和"粽"有什么相同和不同的地方？
2. 谁来猜猜，为什么米变成米字旁时，捺要变成点呢？
（指导发现：粽是左右结构的字，左边最后一笔变捺为点，两部分才能紧密地结合在一起。）
3. 拓展规律：对呀，中国人讲礼貌，中国字也一样，当左边的部件最后一笔是捺时，都会很有礼貌地把"脚"缩回来，变成点。
课件展示：木—相，禾—种，火—炒，又—欢，直观感受左边偏旁最后一笔捺变点的规律。

（二）析"米字旁"，寻规律

继续请同学们猜猜，为什么粽的偏旁要用"米"？（因为粽子是用米做的）你们还知道哪些跟米有关，也是米字旁的字吗？

同学们太牛了，你们一不留神就揭晓了三千多年前古人造字的秘密。这就是——看偏旁，知字义。（板书。）

（三）举一反三，学"立字旁"

利用这个方法，你们能猜出来"端"是什么意思吗？试着组组词。你们还知道哪些立字旁的字？

| 设计意图 |

形声字是汉字系统中的主流，据统计，在现代汉语中，形声字占了将近90%。所以，利用形声字"声旁表音、形旁表义"的特点识字，是帮助小学生快速识字的一条极有效的路子。上课伊始，"看偏旁，猜字义"，激起学生对汉字音形义的自主探究，学得有趣又有效。

二、随文识字，巩固识字规律

（一）学习第一自然段，语境识字

1. 出示"端午节"，认读"节"，你们还知道哪些节？

2. 喜欢过端午节吗？分组比赛读读第一自然段，老师就能从你们的朗读中猜出谁最喜欢过端午节。（指导朗读。）

（二）学习第二自然段，积累叠词

1. 这一段话中有 3 个词，非常有意思，看——课件出示句子，叠词变红：

粽子是用青青的箬竹叶包的，里面裹着白白的糯米，中间有一颗红红的枣。

2. 读读看，你们发现了什么？

相机总结：像这样用重复的字组成的词，我们给它取了个很有意思的名字——叠词。

3. 用这样的叠词有什么好处呢？咱们来比一比就知道了。

{ 青青的　　白白的　　红红的
　青的　　　白的　　　红的 }

师生对比读：听一听，你们更喜欢哪组词？为什么？（重点感受：叠词读起来更好听；而且颜色显得更浓、更美了。）

4. 我们也来用这些叠词夸夸外婆包的粽子吧——课件出示，仿说：

白白的糯米　　　　（　　）的枣

（　　）的粽叶　　　（　　）的粽子

5. 把这些词语送进句子，你们还能读好吗？师问生读，指导读好长句子。

（1）师：什么颜色的箬竹叶？什么颜色的糯米？什么颜色的枣？青青的什么？白白的什么？红红的什么？

生：青青的箬竹叶　白白的糯米　红红的枣（指导："的"要读得又轻又短。）

（2）师：粽子是用什么包的？里面裹着什么？中间有什么？

生：粽子是用青青的箬竹叶包的，里面裹着白白的糯米，中间有一颗红红的枣。

（3）小结：你们发现读长句子的方法了吧？朗读时一眼看一个词语，而不是单个的字。朗读起来，节奏分明，让人听了才舒服。

| 设计意图 |

虽说部分专家对叠词的教学多有批评，但叠词的音韵美、表现力都值得学生去模仿和运用。当然，学习叠词绝不是机械地告诉学生"这是叠词""这是ABB式的叠词"，而是通过朗读对比去体会叠词的美，在具体的语言环境中去学习叠词的运用。

（三）学习第三自然段，看图识字

1. 借助拼音，自由读第三自然段。

2. 图文对比识生字。这一段里边还藏着3个生字呢。谁能看图片把生字宝宝送进去？

（出示图片及象形文字，选填生字：豆、肉、带；组词带读。）

3. 猜读游戏促朗读。

（1）我来读，你来猜，老师最爱吃什么粽："外婆包的粽子十分好吃，花样也多，除了红枣粽，还有红豆粽和鲜肉粽。"

（2）学生轮读，大家猜：从他的朗读中，我猜他最爱吃的是（　　）粽。

4. 仿课文，用"又……又……"说句子。如果还能用上"又……又……"介绍你爱吃的粽子的话，相信别人听了会流口水。课件出示图片及句式，学生看图练习说话：我最爱吃（　　）粽，咬上一口，真是又（　　）又（　　）。

| 设计意图 |

对低年级学生来说,游戏是百试不爽的妙招,学生字可用,学朗读亦可用。很简单的"听他的朗读,让我们猜猜他最爱吃什么粽"就能激发起学生朗读的热情,并且发自内心地去诵读,读得入情入境。

(四)学习第四自然段,看偏旁猜字义

1. 看微课,了解屈原和端午节的故事,练习读好第四自然段。
2. 从这个故事中,你能猜出"念"为什么是"心字底"了吗?

三、学写生字,发现汉字书写规律

(一)第一组字:午、真、豆——横画规律

1. 这节课咱们先来看这三个生字。(课件出示午、真、豆。)

会观察的同学一定发现了,这三个字有一个共同的特点:那就是横画比较多。这么多的横画,我们在写的时候应该注意些什么?

指导学生观察:①横画长短不一。②只有两横时,哪笔长,哪笔短?③如果有三横以上呢?(中间最短,底下最长。)

总结:是呀,长长的一横放下边,就像一只有力的大手,把字稳稳地托住了,所以,这一长横要写得平而舒展。

2. 微课展示横画最多的字——"真"的书写。
3. 学生自己观察,练写"午、豆"。

(二)第二组字:米、分

1. 观察"米、分"两个字中的"撇、捺"的书写,有什么相同和不同的地方吗?

重点引导:①撇、捺要舒展;撇稍短,捺稍长。②"米"中的"撇、捺"都从田字格的中点起笔,"分"中的"撇、捺"则要分开。

2. 自己练写，当场评价。

| 设计意图 |

　　识字要归类，写字教学亦可以归类。"午、真、豆"三个字都有横画，"米、分"的关键笔画都是撇和捺，所以归成两类。通过观察和对比，掌握这一类笔画的书写规律，比单个地教一个字要有用得多。

四、拓展作业，运用识字规律

今天我们不光读了课文，学了生字，还发现了一个学生字的有效办法——看偏旁、知字义。学了会用，才是真学哦，所以，今天老师要给大家布置一个家庭作业，回家后仔细思考一下，下面的几个字分别是什么偏旁？你能猜出来它们和什么有关吗？

（课件出示：知　据　胆　晚　思　拿　镜）

| 设计意图 |

　　学了不用，等于白学；学了会用，才是真学。就如在"游泳"中才能学会"游泳"一样，真正掌握知识，亦需要在不断的练习中去习得。所以，这节课的作业设计紧扣本课识字的方法——看偏旁，知字义，让学生继续通过课后练习去掌握。

传承文化　学以致用
——三年级下册《古诗三首》教学设计

教材分析

本课包含三首古诗《元日》《清明》《九月九日忆山东兄弟》。从内容上看，都是和传统节日有关的古诗；从体裁上看，都是七言绝句。

元日，是古人对元旦的称呼，但它不是指公历新年，而是指农历正月初一，也就是春节。读王安石的《元日》，仿佛看到了一幅有关春节的风俗画。一边读诗，一边品味流传千年的春节文化：爆竹、屠苏、桃符。诸多春节习俗再现了这中国人最为重视的、喜庆而又热闹的春节。

《清明》是唐代诗人杜牧的一首七绝。清明既是节气又是节日，这在我国众多的传统节日中是独一无二的。杜牧的这首诗语言通俗直白，全诗没有一个难字，没用一处典故，却有情有景，有声有色，时间、地点、人物、事件齐全，宛如一篇小小说。"雨纷纷""欲断魂""借问酒家"，这些鲜明的意象烘托出诗人在清明时节孤身行路的感受和心情。《清明》诗以其思想与艺术的杰出成就，奠定了清明哀悼诗千古绝唱之地位。

《九月九日忆山东兄弟》是唐代诗人王维的名篇，此诗因重阳节思念家乡的亲人而作。前两句用一个"独"字、两个"异"字展现出一位少年游子的孤独和对亲人的思念。而后两句，诗人则把目光投向远处，写家乡亲人对"少一人"的遗憾，通过想象别人的感受来表达自己的情感，满纸亲情，更加凸显"我"的思念，既朴素自然，又曲折有致。千百年来，人们在作客他乡的情况下读这首诗，都能强烈地感受到它的力量。

这三首诗都用极为凝练的笔调展示了极具中国特色的中华传统节日习俗，并寓情于景，抒发情感。因此在本课的教学中，完全可以利用学法迁移，由扶到放，重点指导《元日》的学习，帮助学生掌握借助注释、查找资料等理解古诗的方法，以及抓住诗中意象、展开想象来感受情感的方法。然后按照学习《元日》的方法学习《清明》和《九月九日忆山东兄弟》。

教学目标

1. 随文学习 7 个生字，会写 11 个生字，重点学习左右结构的字的书写规律。

2. 能借助注释弄清诗句的大概意思，了解三首诗分别写的是哪个传统节日，并通过想象画面，了解诗人写了什么样的节日情景。

3. 在诵读中体会作者的情感，能背诵古诗，感受古诗的音韵美，能默写《清明》。

教学过程

一、整体感知，寻找联系

板书：9. 古诗三首。

今天我们要学的是《古诗三首》。编者把三首诗放在同一篇课文，说明这三首诗之间肯定有联系。同学们自由地读一读，找一找它们之间的联系。

大家很快就发现了这三首诗都是写节日的。能跟大家交流一下，你们是如何快速发现的吗？相机小结学习方法。

（1）看诗题。古人常喜欢在诗题中点明时间、地点，甚至人物、事件等。而这三首诗都在题目中点明了节日名称或时间。

（2）看课后问题。"这三首诗分别写的是哪个传统节日？写出了什么样的节日情景？"——课后题往往指向课文的重点。

(3) 看注释。每首诗的第一条注释都告诉我们这是我国传统节日——读注释是我们学习古诗的一条最佳捷径。

看图片，猜节日。

(1) 我们中华民族有许多重要的节日，观察图片，猜猜它们是什么节日，并说明理由。

(分别出示春节、清明节、端午节、重阳节、中秋节等节日的图片，生猜。)

(2) 小结：看出来了，同学们都是根据节日的不同习俗来猜节日的。看来，习俗是不同节日的重要标志。那么诗人在古诗中会怎样写习俗呢？这是我们在课堂上要重点研究的一个点。

| 设计意图 |

《元日》《清明》《九月九日忆山东兄弟》都是以中国传统节日为题材的古诗，三首诗的诗题都是以节日名称或节日时间命名，三首诗都写了节日习俗。在课堂初始阶段，引导学生通过自读去发现三首诗的共同点，更有助于接下来的整体教学。

二、学习《元日》，掌握方法

（一）读古诗，看注释

首先，让我们一起来读读本课第一首诗《元日》。你们知道"元日"是什么节吗？从何知道的？相机总结学法：读古诗，看注释

（二）初读古诗，读准节奏

1. 古人云：书读百遍，其义自见。咱们就从读入手，请同学们把这首诗读三遍，注意读准字音，读出节奏。

2. 指名二人读，正音。

3. 齐读。

(三) 读懂诗意，总结学法

1. 节奏、停顿都很正确，相信同学们对这首诗也了解了大半。再借助注释，看看你们能把整首诗的意思弄明白吗。不明白的地方打个小问号。都明白了就在诗中圈一圈人们在元日里做了什么事。

2. 有没有读不懂的词？

预设："一岁"，这个词的意思我们可以从以往学的诗句中去寻找——"离离原上草，一岁一枯荣。"一岁就是一年。

"除"，查字典，课件出示"除"的义项，学生根据上下文选择：A. 去掉；B. 不计算在内；C. 进行除法运算；D. 台阶。

"千门万户"，找近义词——千家万户。

3. 谁能总结一下，面对一首古诗，我们可以用哪些方法来读懂它。（根据学生回答，相机板书：看注释、查字典、联系上下文猜、找近义词、看插图……）

| 设计意图 |

和另两首诗相比，《元日》难懂的字词最多，但这正好可以让学生们重温或新学各种解读难懂词句的方法，授之以渔，接下来才好放手让他们自学其余两首。

(四) 联系诗句，关注"习俗"

1. 我们早已从注释中知道了"元日"就是现在的春节，能说说你们是怎么过春节的吗？

2. 王安石在这首《元日》中记录了古时候的人们是怎么过春节的。读读你圈画的词。

放爆竹；饮屠苏酒；换桃符；

教师引导：除了这三件事情以外，其实在第三句诗中，人们也做了一件事。想想看，既然曈曈日是指清晨初升的太阳，那么此时此刻，千门万户一定会打开大门、窗户，去迎接新年的第一缕阳光——（板书：迎初阳。）

3. 你们瞧，王安石用短短28个字就写出了春节的热闹喜庆，是因为他选择了这些过年时最有代表性的事。以后我们写作文时，也要选择最具有代表性的人和事来写。

4. 牛刀小试。读读下面这几句诗，根据诗中代表性的事物，猜猜分别是我国的哪个传统节日。

樱桃桑葚与菖蒲，更买雄黄酒一壶。（端午节）

海上生明月，天涯共此时。（中秋节）

火树银花元夕夜，彩灯万盏熠霞流。（元宵节）

如果要你们来写一句有关端午的诗，你们会想到哪些传统习俗呢？

（　　）飘满院，（　　）赛长河。

设计意图

本单元的语文要素之一是"收集传统节日的资料，交流节日的风俗习惯"，因此，在课堂学习中，紧扣习俗既是为学好本首诗服务，也为后面的综合性学习奠定了基础。

（五）联系背景，读出情感

1. 人们常说，诗以言志，文以抒情。王安石想通过这些热闹喜庆的节日情景表达怎样的心情呢？诗中有一个字直接描写了王安石的心情，谁发现了？

2. 暖，这是一种怎样的心情？看诗中，哪里让他暖？透过"爆竹声中一岁除"，你们眼前会出现一个怎样的画面？来，读出这个画面感！

听到你读的，让我想到了一个成语。（板书：辞旧迎新。）

再读读其他句子，你们会想到哪些成语呢？指名上台板书。（预设：辞旧迎新、万象更新、喜气洋洋、热闹非凡、欢天喜地、旭日东升、举杯同庆……）

选择你们认同的或喜欢的两个词语，一笔一画地抄写下来。

把这些词语带来的感受放进诗句，让我们一起再来读出这种画面感！

3. 作者为我们描绘了这么多暖洋洋的画面，但你们知道吗？此时此刻王安石的心里还涌动着另一种暖。（课件出示背景资料）想想看，除了节日带来的喜悦，还有什么让王安石的诗充满了这么多积极向上的暖意？

王安石：宋朝政治家、思想家、文学家。此诗作于作者初拜相而始行新政时。为摆脱宋王朝所面临的政治、经济危机以及西夏不断侵扰的困境，1068 年，宋神宗召王安石"越次入对"，王安石即上书主张变法。次年任参知政事，主持变法。同年新年，王安石见家家忙着准备过春节，联想到变法伊始的新气象，有感而发创作了此诗。

4. 再读题目"元日"。现在你们觉得，这元日代表的仅仅只是新的一年的开始吗。

（预设：新的政策的开始、国家兴盛的开始、老百姓美好生活的开始……）

5. 背古诗。让我们齐诵《元日》，读出这份自豪，这份憧憬，这份踌躇满志、春风得意！

| 设计意图 |

诗以言志，文以抒情。古诗文之美，离不开其巧妙地隐藏在文字背后的情感。抓住诗眼，结合创作背景，能帮助学生更进一步地走进诗人之心，领悟诗歌之魂。

三、迁移学法，自学两诗

（一）总结《元日》的学习方法

1.《元日》学完了，但正如我们前面所说的那样，学诗，不仅是要读懂这一首,还要从这一首的学习中找到学习的方法。谁来说说,我们是按怎样的步骤学习这首诗的?

(预设:读通诗句,读准节奏——借助注释,读懂诗意——联系诗句,了解习俗——结合背景,读出情感。)

2. 如何更好地完成这4个步骤呢?你总结出哪些方法?

(二)同桌合作,从《清明》《九月九日忆山东兄弟》中任选一首,开展自学。教师提供相关背景资料

杜牧(803—853),唐代诗人,字牧之,京兆万年(今陕西西安)人,以济世之才自负。其五言古诗熔叙事、抒情、议论于一炉,纵横驰骋,辞气活健。其七言律绝,善于抒情,文辞清丽,情韵跌宕。他善于捕捉自然景物中美的形象,用绝句体小诗加以描写,含蓄精炼,情景交融,在短短的四句中,写出一个完整而幽美的景象,宛如一幅图画,如《江南春绝句》。杜牧在晚唐成就颇高,人称"小杜",以别于杜甫"大杜"。与李商隐并称"小李杜",有《樊川文集》二十卷传世。

王维(约701—761),唐代诗人、画家,字摩诘。在中国诗歌史上,他以擅长描写山水田园等自然风景著称。《九月九日忆山东兄弟》原注:"时年十七。"这说明此诗是王维十七岁时的作品,诗因重阳节思念家乡的亲人而作。王维当时独自漂泊在洛阳与长安之间。九月九日是重阳节,中国很多地方有登高的习俗。

(三)汇报、检查自学成果

1. 指名读诗,引导发现:咱们学的这三首诗都是七言绝句,你们发现了它们在节奏上的共同点了吗?(揭示:二二三节奏。)

2. 在理解诗意时,还有哪些不懂的字词?

(预设:欲、借问、异乡、异客。)

3. 用自己的话说说诗意。

4. 古诗中写出了什么样的节日情景。

引导发现：同学们一定发现了，从唐宋至今已千年有余，可是很多过节的习俗仍惊人的一致，比如：古时元日放爆竹、换桃符、饮屠苏，今朝春节放鞭炮、喝团圆酒、贴对联；古时清明欲断魂，今夕清明悼故人；古时重阳登高插茱萸，今日亦然。这就是"传承"，这就是"传统"。像这种从古时候就流传下来的节日，我们把它们叫作"中华传统节日"。除了这3个节日以外，传统节日还有很多，建议大家结合这单元的"综合性学习"，查找资料，找到更多的文化传承。

5. 读完古诗，你们想用哪一个词来概括诗中弥漫的情感呢？是从何处感受到的？把这种情感融入你的诵读吧。

| 设计意图 |

以《元日》为"学习场"，以另两首诗为"操练地"，紧扣三首诗的同与异，开展合作自学，这才是真正落实课标中关于"语用"的要求。

观察有法　下笔有情
——三年级下册《我的植物朋友》教学设计

教材分析

《我的植物朋友》是三年级下学期的第一次单元习作，要求学生选择一种植物进行观察，并借助记录卡，把自己观察到的和感受到的写下来，通过这次习作，进一步提高学生的观察能力和表达能力。

为了引导学生有序观察，教材以桃花为例呈现了一份记录卡，采用图配文的方式，提示观察和记录的要点，意在帮助学生有目的地观察，引导学生抓住植物的样子、颜色、气味等方面的特点进行观察并记录。

同时，教材还提示学生在写之前，最好再运用多种感官去观察、感受一下这种植物，看是否有新的发现；写完后要学会分享，写同一种植物的同学可以相互交流，在交流中得到启发和提高。

教学目标

1. 运用多种感官观察、感受一种植物，做简单的记录卡。
2. 能借助记录卡，写清楚植物的样子、颜色等，并写出自己的感受。

教学过程

一、猜谜导入，选定观察对象

亲爱的同学们，欢迎大家来到咱们的植物王国。不过，植物王国的大门可不是那么容易打开的，这里有三个开锁秘籍，破解了它们，才能打开大门。

猜谜说植物。

一个小孩生得俏，头上戴顶红缨帽，衣裳穿了七八件，全身都是珍珠宝。（玉米）

头上青丝发，身披鱼鳞甲，寒冬叶不落，狂风吹不垮。（松树）

有根不着地，绿叶开白花，到处去流浪，四海处处家。（浮萍）

聪明的你，是如何一下就猜出它们的？没错，每种植物都有它独特的标志。抓住特点，自然能顺藤摸瓜牵出它。

| 设计意图 |

猜谜引入，既能激起学生学习的兴趣，又能让学生关注到植物的典型特征，为后面的观察做好铺垫。

哇！大门打开啦！植物王国里的植物可真多啊！你们想和谁交朋友？为什么？

小结：有的同学选择最有特点的植物作为自己的朋友；有的同学选择自己身边的，看得见、摸得着的；还有的同学选择自己曾经种植过，或者发生过故事的植物。这些都能帮助我们找到最合适的植物朋友。

| 设计意图 |

选准合适的观察对象，本次习作训练就成功了一半，所以不仅要让学生说出选择的对象，更要思考为什么选择，并通过教师的总结引导学生去寻找自己熟悉的，尤其是曾经发生过故事的植物。

二、教材为例，明确观察内容

一位叫花花的同学为自己的植物朋友——桃花，做了个观察记录卡，咱们一起去看看。

研读"桃花记录卡"，确定观察项目。

名称：桃花
样子：花骨朵儿胀鼓鼓的。已经绽放的花朵，一个花瓣儿挨着一个花瓣儿，围成圆形。
颜色：粉红
气味：淡淡的清香
其他：春天开放，结出的果实就是桃子。也有只开花不结果的观赏桃花。颜色还有鲜红的、纯白的。

（1）仔细看看这份植物记录卡，你发现花花是从哪些方面来观察、记录桃花的？

（2）"样子、颜色、气味"是我们分辨植物朋友的三大途径，必须认真观察。但这个"其他"我就不太明白了，谁能帮帮我？

根据学生回答，相机小结：生长过程、种类、味道、用途……总之是这种植物最有特点的地方。

| 设计意图 |

借助观察记录卡帮助自己更细致地去观察植物，是这一次习作的重要方法。教材以桃花为例呈现了一份记录卡，它用图配文的方式很直观地提示了观察和记录的要点。这么好的例子怎能一带而过？让学生仔细地去研读这一份"桃花观察记录卡"，可以引导学生抓住植物的样子、颜色、气味，以及其他最有特点的地方去观察并记录。

三、学习方法，指导作前观察

说到观察，我们第一个想到的字就是"看"。你能从这份"桃花记录卡"

中找到花花"看"的秘诀吗？每人至少找到一个，并和同桌交流。

几乎每一种植物都有根、茎、叶、花、果实……可为什么花花的记录卡中只记录"桃花"。

小结。板书：锦囊一——看特点。（最具特色的才是最要仔细观察的。）

花花的记录卡上桃花是什么样子的？回忆一下，我们学的哪篇课文也像这样描写了不同时期的花草呢。课件出示：

白荷花在这些大圆盘之间冒出来。有的才展开两三片花瓣儿。有的花瓣儿全都展开了，露出嫩黄色的小莲蓬。有的还是花骨朵儿，看起来饱胀得马上要破裂似的。——开花的不同阶段。

原来，蒲公英的花就像我们的手掌，可以张开、合上。花朵张开时，它是金色的，草地也是金色的；花朵合拢时，金色的花瓣被包住，草地就变成绿色的了。——开花的不同时间。

小结。板书：锦囊二——看变化。（同样是桃花，花花却注意了桃花还未开放和已经开放的变化。其实，早上和晚上，几天前和今天，晴天和雨天，你所看到的植物也是有变化的，只有睁大眼睛，你才会像《金色的草地》中的作者一样，发现蒲公英草地会变色的秘密。）

花花记录了几种不一样的桃花。

（预设：不同种类——结果型、观赏型；不同颜色——粉红的、鲜红的、纯白的……）

小结。板书：锦囊三——对比看。

花花这份记录卡上记录的仅仅是用眼睛看到的吗？

小结、板书：锦囊四——不用眼，也能"看"。（我们不仅能用眼睛来观察，还可以借助耳、鼻、口、手等其他"大将"帮忙。用鼻闻它的气味，用耳听它在风中的声音，用手感受它的触感，甚至用嘴尝尝它的果实的味道。）

你们猜猜，记录卡上"其他"的内容，是花花自己亲眼看到的吗？

小结。板书：锦囊五——借用他人所"看"。（原来，我们不一定是写亲自观察到的，还可以查阅资料、采访他人，借用他人的观察结果。）

接下来，就请你们为自己的植物朋友做一个"观察记录卡"吧。

```
                    我的植物朋友
┌─────┐   名称：_____
│     │   样子：_____
│     │   (    )：_____
│     │   (    )：_____
└─────┘   其他：_____
```

| 设计意图 |

　　我们经常告诉学生观察要细致，但是怎样观察、观察到什么程度才叫作细致呢？我以教材中的观察卡及相关课文为例，引导学生发现、总结观察方法：注意观察特点、连续观察变化、对比观察、运用多感官观察、借用他人观察结果……

四、范文引路，突破写作难点

花花借助她的桃花记录卡直接转"卡"为"文"，我们一起来读读看。

（课件出示：我最喜欢的植物朋友是桃花。桃花的花骨朵儿胀鼓鼓的。已经绽放的花朵，一个花瓣儿挨着一个花瓣儿，围成圆形。粉红的桃花发出淡淡的清香。桃花春天开放，结出的果实就是桃子。也有只开花不结果的观赏桃花。颜色还有鲜红的、纯白的。）

评一评：这样写好不好？为什么？

预设一：顺序凌乱。你看，她先写桃花的样子，再写桃花的颜色和花香，接着写桃子，最后又写了桃花的颜色。

预设二：没写出和桃花的"朋友之情"。这次作文的题目是"我的植物朋友"，可是，我们读完后没觉得桃花是她的朋友啊。

解决问题一：有序

（1）给花花的文章排序。

（　）我最喜欢的植物朋友是桃花。

（　）桃花的花骨朵儿胀鼓鼓的。

（　）已经绽放的花朵，一个花瓣儿挨着一个花瓣儿，围成圆形。

（　）粉红的桃花发出淡淡的清香。

（　）桃花春天开放，结出的果实就是桃子。也有只开花不结果的观赏桃花。

（　）颜色还有鲜红的、纯白的。

（2）给自己的植物卡排序。

（3）交流：你们都是按照怎样的顺序排序的呢？

（4）小结：可以按照从整体到部分，也可以按照从远到近，或按照根、茎、叶、花、果的顺序进行描写。

解决问题二：有情

（1）再读习作要求：除了写观察到的，还要写什么呢？

师：这篇习作的题目是《我的植物朋友》，所以，它和以往我们写植物的文章不一样了，要求我们不光要写出植物的特点，还要把植物当成自己的朋友来介绍，写出自己的感受。

（2）读佳作，学方法。

我的春天朋友

湖南大学子弟小学　唐语瞳

妈妈说我是一个爱捡东西的娃儿。哈哈，今天，我把春天捡回了家。

一大早，我和妈妈去桃花岭公园找春天。远远地就看到，美丽的山茶花正在树上和春姑娘玩游戏呢，有的含苞待放，躲在绿叶后，只有花尖尖露出点羞红的粉色；有的花瓣全展开了，层层叠叠，缀在枝头"荡秋千"，多像一位正在表演杂技的女孩儿啊！

走近一瞧，山茶花还有不同的颜色，红的、白的、粉的……红得像一团团红通通的火球，白得如一朵朵洁白的云朵，粉得似洋娃娃娇嫩的脸蛋，美极了。

一阵风吹过,一团红艳艳的"火"从树上飘下,我赶紧捡起它,一股清香就从手心传出。这是一朵完全盛开了的山茶花,花瓣厚厚的、肉肉的、嫩嫩的,仿佛一掐就会出水。不过,我可舍不得掐它,我小心翼翼地把它捧在手心,朝妈妈跑去:"妈妈,我捡到春天啦!我要把这个春天朋友带回家!"

①读一读,画一画:哪些句子让你感受到唐语瞳对这位"春天朋友"的喜爱?用波浪线画出来。

②交流。

预设一:"春天朋友""玩游戏""荡秋千""表演杂技的女孩儿""洋娃娃"……这么多拟人化的描写,让我们感受到小作者真的把山茶花当成人,当成自己的朋友了。

预设二:最后一段作者还写道:"我可舍不得掐它,我小心翼翼地把它捧在手心……我要把这个春天朋友带回家!"作者直接写出了自己对山茶花的"舍不得","小心翼翼"地"带回家"。

③总结写法。

师:没错,唐语瞳的这篇习作中不光有山茶花,还多次写到了"我"。所以,要想写出和植物的朋友之情,一个写作锦囊:"既有植物又有我"。这个"我",可以作为一个观察者、欣赏者,和你的植物朋友同时贯穿在整篇习作中,尤其别放过在观察、种植的过程中和"它"发生的一些小故事。(总结方法一,板书:既有植物又有我。)

(3)读课文,学方法。

出示课文《荷花》片段:

我忽然觉得自己仿佛就是一朵荷花,穿着雪白的衣裳,站在阳光里。一阵微风吹来,我就翩翩起舞,雪白的衣裳随风飘动。不光是我一朵,一池的荷花都在舞蹈。风过了,我停止了舞蹈,静静地站在那儿。蜻蜓飞过来,告诉我清早飞行的快乐。小鱼在脚下游过,告诉我昨夜做的好梦……

你们感受到"我"对荷花的情感了吗?作者是如何让你们感受到的呢?

(总结方法二,板书:生发想象"我"变它。)

| 设计意图 |

　　观察之后,如何将一大堆散乱的记录转化成一篇成功的习作,是学生们遇到的又一个难关:一是部分学生容易直接把杂乱的记录当成习作;二是不知道如何把干巴巴的观察记录写得有情有趣。所以,在课堂上,还要紧扣如何"有序""有情"这两点,教给学生方法。

五、完成习作,同学交流

想象有趣亦有迹
——三年级下册《这样想象真有趣》教学设计

教材分析

《这样想象真有趣》是统编教材三年级下册第八单元习作，习作内容是"选一种动物作为主角，大胆想象，编一个童话故事"。教材中安排了四幅插图：母鸡飞翔图、巨大蚂蚁图、胆小老鹰图、蜗牛飞奔图。同时配有文字说明："如果母鸡能在天空飞翔，如果蚂蚁的个头比树还大，如果老鹰变得胆小如鼠，如果蜗牛健步如飞，如果……这些动物的经历一定很奇特，它们的故事一定很有趣。"

在教学中，首先可引导学生选定一种自己熟悉的动物，再大胆想象。先预设这种动物失去了原来的主要特征，然后继续想象这之后动物的奇特经历，尝试把故事情节拉长。

教学目标

1. 借助插图、视频等创设情境，引导学生选择一种动物作为故事主角。

2. 借助三字诀等支架，启迪学生展开大胆、丰富、新奇的想象，想象动物奇特、有趣的经历，尝试把故事情节拉长。

课前自主学习单

1. 认真读习作要求，我知道了本次习作是要写一篇（　　　）。

A. 想象作文　B. 写人作文　C. 观察作文

2. 本次作文的主角必须是（　　　）。

A. 植物　　B. 动物　　C. 身边的人

3. 我觉得这次习作练习最有趣的地方是：_____。

教学过程

一、颠倒歌，趣导入

大家一起读儿歌：

姐姐十五我十六，妈生姐姐我煮粥。爸爸睡在摇篮里，没有奶吃向我哭。

为什么好笑？是觉得太不可能了吗？可是，我却要告诉你们，在想象的世界里，没有什么不可能！

| 设计意图 |

　　一听说要写作文，学生们的反应总是愁眉苦脸，在课初出示与学生的生活经验完全相反的颠倒现象，能让学生们在笑声中消除写作文的压力与烦恼，同时激发他们大胆想象。

二、反着来，定主角

（一）看插图，说发现

哈哈，又笑得这么欢啊！哪些地方特别有趣？跟大家分享一下。

（生自由发言。）

根据学生发言随机小结。

（1）生活中的母鸡只能在地上扑腾，这下摇身一变成了可以在天上飞的"战斗鸡"，这是什么发生了变化？（生活习性/本领。）

（2）蚂蚁居然可以和树比高矮了，这是"外形"发生了变化。

（3）老鹰这个天空霸主现在居然胆小如鼠了，这是"性格"发生了变化。

（4）慢腾腾的蜗牛居然成了赛跑冠军，这是"动作"发生了变化。

（二）方法总结

谁来总结一下，这些动物是如何大变身的？

小结：在想象世界中，这些动物全部失去了原来的主要特征，甚至变得与原来完全相反啦！这就是我们这次习作宝典之一——"反着来，定主角"。

出示课件：

动物	现实中的主要特征	想象中的奇妙变化
母鸡	地上跑	天上飞
蚂蚁	"小"的代言	高过树梢
老鹰	天空霸主	胆小如鼠
蜗牛	慢慢腾腾	健步如飞

（三）大"变"动物，确定主角

赶紧大开脑洞，拿出你们的纸和笔，完成下面的学习单一吧。

这样想象真有趣（学习单一）		
动物	现实中的主要特征	想象中的奇妙变化
蜗牛	慢慢腾腾	健步如飞
大象	长鼻子	
狐狸	狡猾	
刺猬		

温馨提示：

（1）从外形、性格、生活习性……各方面去找动物的主要特征。

（2）大胆想象，主要特征可以失去，也可以表现得和主要特征相反。

| 设计意图 |

教材中的插图设计得非常好，很鲜明地突出了动物的变化，同时诙谐有趣。

三、有奇遇，巧变样

选择一个动物做你的童话的主角吧，这个主角是怎么变的呢？

品读范文。

"一二！一二！"森林里有一棵大树，树下有一个洞，洞里住着一群团结友爱的小蚂蚁。它们快乐地生活着。

有一天，天空布满了乌云，顿时天昏地暗，小蚂蚁们忙往高处搬家。可是，天空中的雨珠可等不及，一会儿就下起了瓢泼大雨，电闪雷鸣，像是要把天空劈开似的！

一只叫光光的小蚂蚁眼看着就要被洪水冲走了，它着急地想：要是我能长高，长到比树还高就好啦！唉！可惜我们蚂蚁都很小。呜呜呜……

哇！谁知，这个想法被森林爷爷得知了，森林爷爷决定帮光光实现这个愿望——送它一个自己亲手做的"变大手环"！果然，光光一戴上手环，就"嗖嗖嗖嗖"地长高了！比大树还高！

……………

讨论：这只蚂蚁发生了什么变化？它为什么想要变高？又是怎样变的？

方法总结：有奇遇，巧变样。

你们还有哪些方法能够让童话主角巧变样？

预设：做梦法、时光穿梭法、科学实验法、误入怪地法……

完成学习单二

这样想象真有趣（学习单二）
我的动物主角：
为啥要变样：
如何巧变样：
变成什么样： _____   _____   _____
同桌评价：最有趣的地方是哪里？

四、"三"字诀，设情节

（一）展开思路

闭上眼，把自己当成故事中的主角，想想看，你们大变样后最想做的事情是什么？你们会遇到谁？朋友还是敌人？你们会有哪些奇妙的经历？会发生哪些有趣的故事呢？

（二）范文引路

为了把咱们这个故事的情节拉长，李老师再送你们一个习作宝典。［课件显示：习作宝典（三）——"三"字诀，设情节。］

1. "三"字诀可是许多故事中的秘密，比如说二年级学的童话故事《蜘蛛开店》，可怜的蜘蛛就遇到了三位完全不一样的顾客：河马、长颈鹿、蜈蚣。

2. 吴雨昕小朋友的习作中也巧妙地用到了三字诀，你们发现了吗？

……

虽然，变大有好处，但是……肯定也有坏处呀！不出所料，没过几天，光光就发现 bigbig 的坏处了！

它，找不到一个合适的住处。以前的窝儿，对现在的它来说实在是太太太太太 small 了！连它的一根手指都伸不进去。结果呢，被卡在洞口，只能用力拔出来！

它，不能和家人聊天！光光的家人在下面跟它说话，即使说上千遍，即使喊破喉咙，光光都听——不——见！

它，整天都很饿。平时，一粒米就能让它心满意足，可现在，这件简单的小事也变得很困难。要知道，光光长高变大了，现在的食量不可能还是一粒米吧！最少也是以前的上万倍。你们说，要去哪儿找到这么多食物呢？

…… ……

3. 小结：三大麻烦——找不到住处、不能和家人聊天、整天饿得慌。

（三）拉长情节

1. 咱们也可以学这一招。比如：蜗牛变得健步如飞后，开了家"快递公司"，它会接到哪些完全不一样的"快递业务"呢？第一天，第二天，第三天……

2. 你的动物主角会遇到"三大"什么呢？

五、运用方法，完成习作

一旦动物失去了原来的主要特征，或者变得与原来的特征完全相反，它们的生活会有什么变化？又会发生哪些奇异的事情呢？选一种动物作为主角，大胆想象，编一个童话故事。

[板书设计]

> 这样想象真有趣
> 反着来，定主角
> 有奇遇，巧变样
> "三"字诀，设情节

附：学生习作

比树还高的蚂蚁

"一二！一二！"森林里有一棵大树，树下有一个洞，洞里住着一群团结友爱的小蚂蚁。它们快乐地生活着。

有一天，天空布满了乌云，顿时天昏地暗，小蚂蚁们忙往高处搬家。可是，天空中的雨珠可等不及，一会儿就下起了瓢泼大雨，电闪雷鸣，像是要把天空劈开似的！

一只叫光光的小蚂蚁眼看着就要被洪水冲走了，它着急地想：要是我能长高，长到比树还高就好啦！唉！可惜我们蚂蚁都很小。呜呜呜……

哇！谁知，这个想法被森林爷爷得知了，森林爷爷决定帮光光实现这个愿望——送它一个自己亲手做的"变大手环"！果然，光光一戴上手环，就"嗖嗖嗖嗖"地长高了！比大树还高！

虽然，变大有好处，但是……肯定也有坏处呀！不出所料，没过几天，光光就发现 bigbig 的坏处了！

它，找不到一个合适的住处。以前的窝儿，对现在的它来说实在是太太太太太 small 了！连它的一根手指都伸不进去。被卡在洞口，只能用力拔出来！

它，不能和家人聊天！光光的家人在下面跟它说话，即使说上千遍，即使喊破喉咙，光光都听——不——见！

它，整天都很饿。平时，一粒米就能让它心满意足，可现在，这件简单的小事也变得很困难。要知道，光光长高变大了，现在的食量不可能还是一粒米吧！最少也是以前的上万倍。你们说，要去哪儿找到这么多食物呢？

光光渐渐发现，原来，长高变大也有这么多的坏处啊！它请求森林爷爷把它变回原来的大小。森林爷爷送给了光光一颗用传家宝炼出的变小丸。变小了以后，光光一边大喊一边开心地爬向家人："做一只小小的原本的自己，真快乐！"

（湖南大学子弟小学　吴雨昕）

问题比内容更重要

——四年级上册《呼风唤雨的世纪》教学设计

教材分析

《呼风唤雨的世纪》是统编教材四年级上册策略单元——"提问"单元的第3篇课文。这个单元的语文要素是："阅读时尝试从不同的角度去思考,提出自己的问题。"所以,虽然《呼风唤雨的世纪》是篇老课文,但绝不同于以往人教版教材要求的"重点关注内容,引导学生感受科学的魅力",而是被赋予了新的要求:聚焦"问题",培养学生的提问能力。而爱提问、会提问正是一种宝贵的科学素养。

虽然这个单元的学习重点都是提问,但每篇课文承载的任务和教学策略又有不同,我们从教材的旁批、尾批及文后习题设置中不难发现,《一个豆荚里的五粒豆》重在激发学生的提问意识,引导学生或从局部或从整体提问;《蝙蝠和雷达》要求学生整理问题清单,学会从"内容、写法、启示"等不同角度提问;而《呼风唤雨的世纪》则要综合运用前面所学,并能"筛选出对理解课文最有帮助的问题",由学生的问题引向对课文的学习,加深对课文内容和写法上的学习。

教学目标

1. 认识"唤、技"等12个生字,会写"唤、技"等15个生字,会写"呼风唤雨、世纪"等17个词语。

2. 能给问题分类，并筛选出对理解课文最有帮助的问题。

3. 能借助问题理解课文内容，能联系生活实际理解课文最后一句话的含义，感受科学技术带来的巨大变化。

教学过程

一、揭题引疑，总结提问策略

（一）开门见山，揭题引疑

同学们，今天我们要学习一篇科普文《呼风唤雨的世纪》。我想，这个有意思的课题一定勾起了你们的很多问题。

（预设："呼风唤雨"是什么意思？"世纪"怎么能够"呼风唤雨"？为什么说这个世纪是个"呼风唤雨的世纪"？这篇科普文为什么要用这样一个标题？……）

（二）小结

学贵有疑，真正有效的学习往往从学会提问开始。这个单元就是一个提问单元。看来同学们已经通过前几课的学习掌握了提问技巧，分别从不懂的内容、作者的写法，或从局部、整体提出了这么多的问题，赞！这节课就让我们继续在问题中开展学习。

| 设计意图 |

《呼风唤雨的世纪》是本单元第 3 篇课文，所以从课题伊始，仍然聚焦"提问"，不仅针对这个极有意思的课题引发学生的学习兴趣，同时相机对前两课学到的提问策略做个总结，让学生在提出问题的同时对问题属于哪一类（如从内容、写法、启示提问）有自觉意识，这样才能让提问策略的学习在联系中一步步递进。

二、自读全文，初设问题清单

（一）请同学们带着思考去读课文，并把你们的问题记录下来

《呼风唤雨的世纪》问题清单		提问人：	
问题 类别建议	我的问题	提问角度	
^	^	局部	整体
针对课文内容			
关于独特写法			
联系生活实际			

（二）初步筛选问题清单

1. 再读读课文，把一眼就能找到答案的问题划去。
2. 再看看自己的问题清单，把类似的问题进行整合。

| 设计意图 |

有了前两课的"提问"基础，这节课除了让学生继续练习从内容、写法、启示，从局部、整体等多角度提问，更要让学生开始审视自己的提问是否有价值。所以，问题清单建立的第一步便是要引导学生进行最简单的问题筛选，剔除太简单的及重复的问题。

三、小组合作，学习筛选问题

（一）统计问题数，明确筛选问题的重要性

你们每个人提出了几个问题？首先表扬大家都爱提问，不过，如果把大

家的问题加在一起,就有几百个问题了,一节课能解决这么多问题吗?

(二)出示课后习题二,学习筛选问题

那么,我们应该如何筛选问题呢?下面是一个小组在整理问题时的讨论,你们从中能受到什么启发?

问　题	讨　论
问题一:什么是"程控电话"	我发现阅读中产生的问题很多,有些不影响对课文内容的理解
问题二:"忽如一夜春风来,千树万树梨花开"是什么意思?20世纪的科学成就为什么可以用这句诗来形容	有的问题可以帮助我理解课文的内容
问题三:现代科学技术给我们带来的全是好处吗	有的问题可以引发我深入思考
……	……

讨论:

(1)为什么不理解问题一不影响对课文内容的理解?

(2)哪一类问题是我们要去掉的?哪一类问题是我们必须要保留的?

(3)除了课本中提到的有助于理解课文的问题、引发深入思考的问题,你们觉得还有哪类问题值得研究?

(三)小组合作,练习筛选

1. 小组内交流讨论。

哪个问题不问也行?哪个问题问到了点子上?(能帮助理解课文内容的问题;能引发深入思考的问题;能揭示作者独特写法的问题。)哪个问题你们最想研究?

2. 讨论后，重新筛选出对学习课文最有价值的问题，形成"小组问题清单"。

（四）全班交流，聚焦核心问题

1. 各小组汇报"小组问题清单"，全班交流、整合，形成"班级问题清单"。

2. 回顾、思考：这些有价值的问题是怎么提出来的？

3. 小结。看来，有的同学是抓课文中反复出现的高频词来提问，有的同学是从和课文主要内容相关的重点词句入手，还有的同学是抓一个段落甚至是全文的中心句来发问。非常好！那么，你们觉得这篇课文中，哪一个词既反复出现，又直指课文主要内容呢？

呼风唤雨。

好，今天就让我们以这个词为起点开展问题式学习。

| 设计意图 |

本课的课后习题二，既提出了本课的学习重点——关注问题的"质量"，能对提出的问题进行甄别；又给出了筛选问题的范例——留下能帮助理解课文或引发思考等有价值的问题。所以，本课教学的重点就是借助这个范例，引导学生对自己或小组提出的问题进行"价值判断"，并在思考、讨论、总结中进一步掌握提出有效问题的方法之一：抓"高频词"或"中心句"。

四、问题引路，学习课文

（一）问题一：为什么说20世纪是一个呼风唤雨的世纪

1. "呼风唤雨"是什么意思？

我们可以从词典中发现3个义项：①使刮风下雨，原指神仙道士的法力。②比喻能够支配自然。③比喻进行煽动性的活动。

联系课文内容，你们觉得应该选哪个义项？

2. 读读课文第 3 自然段，你们能找到一句话，直接证明 20 世纪是"呼风唤雨的世纪"吗？

那时没有电灯，没有电视，没有收音机，也没有汽车。人们只能在神话中用"千里眼""顺风耳"和腾云驾雾的神仙，来寄托自己美好的愿望。

（1）仔细读读，这句话中的"千里眼""顺风耳"和"腾云驾雾的神仙"分别对应的是现代生活中的什么呢？

[板书设计]

```
        神话——现实
     千里眼——电视……
    顺风耳——收音机……
 腾云驾雾的神仙——汽车……
```

（2）小结：古时候是"没有，没有，没有，也没有"，只有神话，而现在神话变现实，这正说明 20 世纪就是一个"呼风唤雨的世纪"啊！

3. 再聚焦写法，作者为什么不说这是一个人类可以支配自然、变化极大的世纪，而要说是一个"呼风唤雨"的世纪呢？这样写，有什么好处？

4. 同"呼风唤雨"这个词一样，十分巧妙地赞扬了 20 世纪变化之大、成就之多的还有哪句话？

忽如一夜春风来，千树万树梨花开。

（二）问题二：20 世纪的科学成就为什么可以用"忽如一夜春风来，千树万树梨花开"来形容

1. "忽如一夜春风来，千树万树梨花开"是什么意思？

课件出示《白雪歌送武判官归京》，看图理解诗句意思。

小结：一夜春风，变化之快；万树梨花，成就之多。

2. 你们还能从课文中找到能实实在在证明 20 世纪的科学成就真如"千树万树梨花开"的句子吗？

20世纪，人类登上月球，潜入深海，洞察百亿光年外的天体，探索原子核世界的奥秘；20世纪，电视、程控电话、因特网以及民航飞机、高速火车、远洋船舶等，日益把人类居住的星球变成联系紧密的"地球村"。

（1）分号前后的句子，写的内容有什么不一样？

分号前是写_____；分号后是写_____。

小结：作者分"发明"和"发现"两方面进行举例，这样更清楚、更全面地展现了20世纪的成就真是"遍地开花"。同时，也和文章第2自然段的"发现和发明"相呼应。读懂了这里，自然也就弄明白了第2自然段旁白中的问题。

再来聚焦写法。这里一共写了几种发现？作者为什么只列举这几种发现呢？（参考：登上月球——上天；潜入深海——入海；百亿光年外——极远；原子核世界——极小。）

这里一共写了几种发明？你们觉得这几种发明的排列顺序有规律吗？（参考：6种发明。前3种是电信方面的，呼应前文中的"千里眼""顺风耳"；后3种是交通工具方面的，分列海、陆、空，呼应前文"腾云驾雾的神仙"。）

小结：这就是"典型举例法"，选取典型性的例子，少却全面，给人极深的感触。

（2）模仿写一句，可用上括号内提示的内容。

20世纪，人类_____（发现）；_____（发明）。

这真是"忽如一夜春风来，千树万树梨花开"啊！

（手机、MP4、火星上曾经有水、手提电脑、冰箱、太阳表面温度有6000度、宇宙飞船、宇宙黑洞、人类基因序列图、显微镜、空调、磁悬浮列车……）

（三）问题三：未来科学技术的发展还会给我们的生活带来怎样的变化

1. 联系生活实际，说说科学技术还将创造哪些奇迹？
2. 说到这些奇迹，你们会想到哪些神话和传说呢？

3. 仿照课文中的句子，让我们一起展望更远的未来。

那时没有＿＿＿＿，没有＿＿＿＿，没有＿＿＿＿，也没有＿＿＿＿。人们只能在神话中用＿＿＿＿＿＿＿＿＿＿＿＿＿＿＿，来寄托自己的美好愿望。

| 设计意图 |

虽说本单元是策略单元，且重点聚焦的是引导学生学会提问。但我们的课堂绝不能仅仅为了提问而提问，利用学生提出的问题来理解课文、学习写法，才是水到渠成的"语文之道"。

五、写字教学，找规律，破难点

（一）指导写好含有"口"的字

1. 观察"唤、程、超、哲、善"这 5 个生字，你们发现它们的共同点了吗？
2. 再仔细观察，"口"在不同的位置时，大小、宽窄都有怎样的变化？
3. 老师范写，学生练写。

（二）指导写好"纪、亿、核"这 3 个易错的字

1. 这 3 个字可是"挖"坑高手，不少同学在它们身上都栽倒过。仔细看看，什么地方最容易出错？

纪：右边是"己"，不是"已"。

亿：最后一笔是横折弯钩。

核：右边是两撇，不是两个撇折，而且注意第一撇长，第二撇短。

2. 老师范写，学生练写。

| 设计意图 |

写字教学也是语文课的任务之一。如何费时不多而又让学生有所得呢？需

要教师在本课生字中去寻找共同的规律。所以我这节课重点关注了含有"口"的字及三个易错字。

[板书设计]

```
          7. 呼风唤雨的世纪
                ┌ 无关紧要类问题
                │ 有助理解类问题
          学会筛选┤ 引发深思类问题
                │ ……
                └
```

用好提问"练兵场"
——四年级上册《蝴蝶的家》教学设计

教材分析

《蝴蝶的家》是四年级"提问"策略单元的最后一篇课文,也是一篇略读课文。课文很有童趣,作者为蝴蝶何处避雨而着急,并由此产生了"问题风暴"。作者在文中提出了一连串的问题,又会引发读者的哪些问题呢?

教材在导读部分是这样写的:"读课文,提出自己的问题,再试着把问题分分类,选出你认为最值得思考的几个问题,并尝试解决。"由此可见,本文更像是"提问"策略的练兵场,要引导学生充分练习运用在本单元前三篇课文中学到的"多角度提问""给问题分类""筛选有价值的问题"等多种提问策略,并自己去解决问题。

教学目标

1. 认识"避、撼、喧、檐"四个生字,掌握多音字"雀"的读音。
2. 能够正确、流利地朗读课文,了解课文内容,明晰作者以问行文的思路,感受作者对幼小生灵的关爱之情。
3. 能够运用学到的方法提出问题、进行梳理并尝试解决。

教学过程

一、板书课题，提问激发兴趣

出示单元导读页画面，画面上最引人注目的是什么？（一个超大问号。）

有同学戏称最近的学习是一场场头脑风暴，脑袋上时刻挂着一排问号，看什么都想问个为什么。《蝴蝶的家》是本单元最后一篇课文，看看课题，你们有哪些疑问？（根据学生回答，相机总结学生提问角度：关注内容、关注写法……）

在这篇课文中，有一个跟我们一样脑袋上挂着一排问号的作者。一个满是疑问的人，碰到我们这群满是疑问的人，会掀起怎样的头脑风暴呢？

| 设计意图 |

经过一个单元的学习，学生对提问已经有些"审美疲劳"了，所以，在课始，借助单元导读页、课题和作者激起学生的阅读兴趣，是把学生引向主动学习的方法之一。

二、小组合作，掀起问题风暴

结合之前的经验，想一想，如果让你们用提问的方式来学习本文，你们会如何展开学习？

根据学生回答，适时小结。同学们的发言都非常精彩，那么，我们就按照大家讨论的方式来进行本文的学习：先初读课文，试着提出问题；再小组讨论，整理提问单，并汇报本组最佳问题。

课件出示学习任务：

（1）默读课文，边读边思考，在便利贴上记录自己的问题，读完后，请将问题贴到小组问题贴板上。

（2）阅读同组的问题，请根据提问角度对问题进行分类，去除重复问题。

（3）小组合议，筛选出本组的精华问题，在便利贴上标上星号。（组员须陈述选择的理由。）

学生自主学习。全员完成后，邀请最先完成的小组和最后完成的小组上讲台汇报小组完成过程。

根据汇报，相机指导提问策略。

| 设计意图 |

  本课是一篇略读课文，在前面精读课文的学习中，教师们已经带着学生一步步学会提问、分类、筛选，这堂略读课便可以让学生试着"跑一跑"，综合运用所学知识自主学习。

  用分步走的方式让学生的自主合作学习有法可依，并巩固前期积累的思维训练。教师在学生自主合作学习过程中保持旁观者的姿态即可，放手让学生去想、去做、去说。

  展示时选择最先完成的小组和最后完成的小组的汇报，可让学生对比感知时间与效果，找到提升合作效率的方法。

三、集体讨论，直击风暴中心

大家集体投票，分别从内容、写法、启示三个方面选择一个最有价值的问题。

直击风暴中心，集体讨论最有价值的三个问题。

师：提出问题，梳理问题，筛选问题，你们完成得很不错。但是，学会提问只是一个开始，尝试解决问题才能让你们从风暴中心成功驶出，到达新的彼岸。现在就让我们一起直击风暴中心，去寻找问题的答案。

预设问题一：蝴蝶的家究竟在哪里？

（1）你能在课文中找到这个问题的答案吗？

（2）这也是作者关心的问题，他是如何去寻找问题答案的呢？

引导：文中有几次出现旁人的话，可见作者会将自己的问题与人交流；

他没有只问一次，而是反复追问，不停思考。小作者为我们提供了非常好的问题解决策略。

（3）你们觉得，要如何才能找到这个问题的准确答案？

（预设：回家查资料、亲自去找找蝴蝶的家。）

预设问题二：短短一篇文章，为什么要写12个问句？

（1）寻找问句：用横线画出能在文中找到答案的问句，用波浪线画出文中不能找到答案的问句。

（2）指名轮读没有答案的问句，思考：这些没有答案的问句合起来就是一个什么问题？（蝴蝶的家在哪里。）

（3）既然这样，作者为什么不只用一个问题，而要写这么多问题？

小结：作者对蝴蝶的关心，正体现在这许多的问题上。他对蝴蝶有多担心呀，才会有这一连串的问题；他对蝴蝶有多了解呀，才会有如此细腻的担忧。

（4）作者每一段都以一个问题开头，这样写有什么好处？这些问题可以互换位置吗？

小结：用"问题导引"的方式贯穿全文，在阅读时，更容易诱发读者顺着作者的思路去感受作者的心理活动。这些问题环环相扣，后一个问题是由前一个问题思考得来，不能互换。

预设问题三：课文中的小作者会让你联想到谁？

小结：是啊，课文中的小朋友无处不在，他也许在其他的作品里，比如《喂，小蚂蚁》；他也许就在我们的身边，比如那个不忍心踩死一只蚂蚁的小女孩，那个在花坛边细细观察的小男生。他们都有一个共同的特点：关爱小动物、珍爱生命。

| 设计意图 |

前期学会提问、分类与筛选，最终目的都是引导学生更有效地去解决问题。尝试解决问题既是本课重点，也是对前期学习的总结与延伸。借由解决问题带学生重新阅读课文，回到文本，探寻作者的思维线路与情感，进而将课内与课

外联通，引导学生培养善思笃行的良好学习品质。

回过头来再次思考：为什么这三个问题是最有价值的问题？这些值得思考的问题分别让我们有了什么收获？

小结：从内容角度提的问题会帮助我们更好地理解课文内容及人物的情感；从写法上提的问题能帮助我们理解写作方法的妙处；从启发的角度提的问题能让我们联系起阅读经验或者生活实际，对课文也有更深刻的理解。

| 设计意图 |

什么是"最有价值的问题"？对学生而言，或许只是一个模模糊糊的感觉。在学完课文之后，再次回顾和追问，可以让学生更直观、更主动地去感受一个好问题的价值究竟体现在哪儿。

四、名言引领，培养质疑精神

（一）小结

本单元的发现问题、解决问题之旅即将到站，但生活中的发现问题和解决问题之旅却是永无止境的。把生出的问号变成叹号，你会获得成就感。或许问题没有那么容易解决，但你也会在尝试解决的过程中发现更多问号，收获更多叹号，这本身就是一件有趣且有意义的事情。

（二）名言积累

孔子说："疑是思之始，学之端。"朱熹也说："读书无疑者，须教有疑，有疑者却要无疑，到这里方是上进。"

回顾单元导语中的"为学患无疑，疑则有进。"你们是不是更懂得这句话的意思了呢？

| 设计意图 |

　　课堂是解决问题的地方，更是生发问题的场域。我们的教学不仅要帮助学生把问号变成句号，更要引导学生带着问题走出教室。所以，结课时通过补充名人名言及回顾单元导语中的话，引导学生再次体会质疑精神在学习中的价值。

[板书设计]

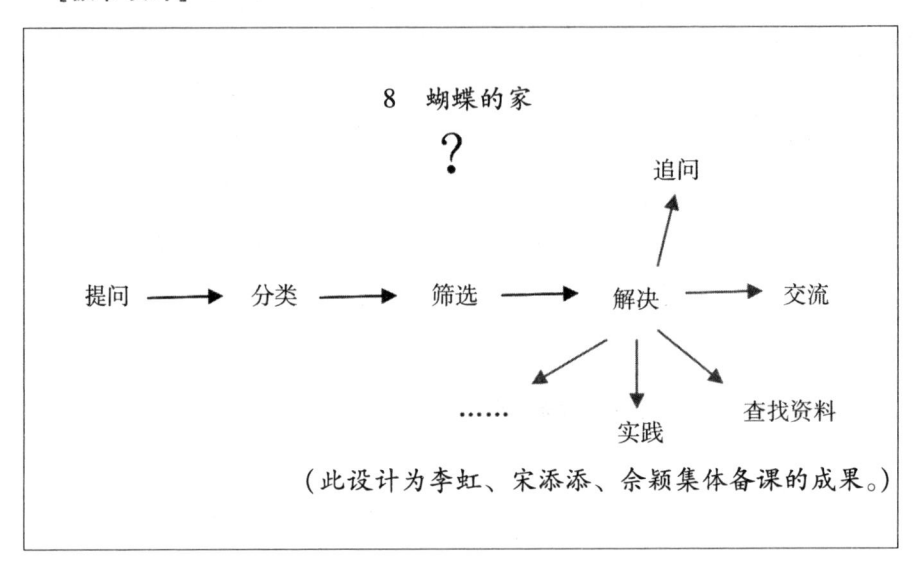

```
              8  蝴蝶的家
                  ?
                                  → 追问
   提问 → 分类 → 筛选 → 解决 → 交流
                              ↙  ↓  ↘
                            ……  实践  查找资料
```

（此设计为李虹、宋添添、佘颖集体备课的成果。）

巧"联结" 品古诗

——四年级下册《宿新市徐公店》教学设计

教学目标

1. 随文识字,认识"徐、疏",会写"宿、徐、疏"等3个生字。
2. 有感情地朗读古诗,能背诵、默写。
3. 借助注释、联系已有经验,理解古诗大意。
4. 通过抓关键词想象画面、关注诗词意象等方法,感受诗中描绘的情景。

教学过程

一、"诗词大会",导入春景

(课件出示中国诗词大会开场视频)"人生自有诗意,诗意岁岁相期。"亲爱的同学们,你们好!我知道咱们很多同学都是《中国诗词大会》的小粉丝,有不少同学更是趁着这个超长假期把自己打造成了小诗人。咱们今天就先来一场诗词大会!

首先,请说出下列诗句的上联或下联。

"_____,春江水暖鸭先知。"请接上一联。

"草长莺飞二月天,_____。"它的下联是什么?

增加难度。接下来,请从以下12个字中识别一句七言宋诗。

（课件出示：雨 后 初 子 金 日 杏 黄 晴 子 肥 梅）

师：梅子金黄杏子肥。这就是我们上节课才学的《四时田园杂兴（其二十五）》，来吧，让我们一起大声地诵读一遍。

再看看我们刚刚诵读的这三首诗，你有什么发现？

（课件出示：草长莺飞二月天，拂堤杨柳醉春烟。

竹外桃花三两枝，春江水暖鸭先知。

梅子金黄杏子肥，麦花雪白菜花稀。）

小结：是啊，都是描写春天的诗，而且都是描写乡村风光的田园诗。风景这边独好的春日乡村，对我们这些在家里整整宅了一个多月的人来说诱惑力十级。今天就让我们继续跟着古诗去踏青吧。

| 设计意图 |

本单元的三首古诗词描绘的都是纯朴自然的田园生活。《宿新市徐公店》写的是杨万里借宿客店时见到的乡村春日美景。课堂初始，从最近正热的《中国诗词大会》节目引入，可以激发学生学习诗词的兴趣；从描写春日乡村的诗歌入手，可以直接把学生带入诗词营造的美丽氛围，建立起新诗学习场。

二、多法齐下解课题

（一）写课题，学生字

1. 师生共同板书课题：宿新市徐公店。

2. "宿""徐"这两个字是我们这节课要掌握的生字，想写漂亮，要注意：宿，上下结构，上面是宝盖头，像个帽子，写得扁一点儿，下面是单人旁＋百，虽是百人，但也不要写得太胖，左右两部分的起笔都要收在宝盖头下。徐：左右结构，左窄右宽。左边的双人旁第一撇短，第二撇稍长，但两笔的起笔位置要在一条直线上，竖从撇的三分之一处起笔。右边的余写得稍宽些，上面的人字头要舒展，这一撇要穿插到双人旁的撇下。

（二）多种方法解课题

1. 借助注释理解"新市"，用组词法理解"宿"。

2. 徐公呢？有同学说是一个姓徐的人。嗯，差不多。那我也是一个人，你们能叫我李公吗？这可千万不能，因为公是古代对男子的尊称。那么，整个诗题连起来的意思是？

三、知诗人，发现"宿"的秘密

这首诗的作者是谁？说说你所知道的杨万里。

教师补充：

杨万里，跟第一首诗的作者范成大一样，也是一位著名的田园诗人。据说宋光宗曾为其亲书"诚斋"二字，所以学者们也称其为"诚斋先生"。杨万里一生作诗两万多首，传世作品有四千多首。他的诗大多描写自然景物，开创了自然欢快、诙谐有趣的"诚斋体"，被誉为一代诗宗。

发现"宿"的秘密。

（1）课件出示杨万里诗集部分诗题：《宿龙回》《宿潭石步》《宿灵鹫禅寺》《宿峨桥化城寺》《宿池州齐山寺》。

（2）看看杨万里写的这些诗，你们有什么发现？由此你们觉得杨万里是个怎样的诗人呢？

| 设计意图 |

解诗题、知诗人是很多老师在教学古诗时都会做的事情，但是单纯地把诗题的意思解释出来，简单地把诗人的生平用课件展示一下，未免太低效了。得"鱼"还要得"渔"。这首诗的诗题很长，正适合学生练习多种解释古诗文的方法；诗人的生平很长，却要选择最适合这首诗的一部分，所以，紧扣"宿"字，让学生仿佛看到诗人杨万里游到哪儿写到哪儿的潇洒，也更能体会其自然欢快、诙谐有趣的"诚斋体"形成之背景。

四、读诗、明意、想画面

（一）读准节奏

1. 自由读古诗，借助拼音，读准字音。

2. 读出节奏：这是一首七言绝句，读读看，你们觉得可以按照怎样的节奏来读？

小结：七言绝句可以按照223的节奏读，也可以按照43的节奏读。按不同的节奏自己再来读读看，看哪一种读法更好。

3. 多招诵读：去掉节奏线呢？古人写诗是这样竖着写的，你还会读吗？（课件相机出示带节奏线版、无节奏线版、竖式版古诗。）

4. 尝试背诵：学古诗，第一个任务是朗读，读着读着还要能背，试试看，你能背了吗？（课件先后出示：填空式、仅留题目式古诗。）

| 设计意图 |

经典的传统文化既要会读，更要积累，在课堂上采用自由读、根据节奏线读、无节奏读、竖着读、填空式背诵、仅留题目式背诵，多种形式让学生们在琅琅书声中自然地能诵会背。

（二）读出画面

1. 古人云：读书百遍，其义自见。就这样读着读着，是不是一幅明丽活泼的图画就在我们眼前出现了呢？在这幅画中都有哪些景物呢？请用笔在诗中圈一圈吧。（根据学生回答，课件相机出示：篱落、一径、树头、儿童、黄蝶、菜花。）

2. 以诗解诗，理解难词。

（1）理解"篱落"之意象。

你们发现了吗？有一个词，在古诗词三首的第一首诗《四时田园杂兴》

中，也有它——（课件出示：日长篱落无人过。）

这篱落指的是什么呢？

是不是觉得奇怪，怎么两位诗人都写到了篱笆？其实啊，篱笆是诗词中经常出现的一个意向。想想看，我们在哪里才能看到篱笆？

小结、拓展：是啊，只有离开城市，来到乡村；只有走出高楼大厦，住进乡屋村居，才能看到这简单质朴却充满着自然拙趣的篱笆啊。所以，当诗人们远离钩心斗角、浮躁喧嚣的官场，把目光转向田园，才能暂时舒展积郁的心情，心境闲适安宁，也只有在这个时候，诗人才会注意到篱笆、小径、黄花、轻舟等意象，所以"篱笆"也就成了田园诗中出现率比较高的词汇了。比如"篱外谁家不系船，春风吹入钓鱼湾。小童疑是有村客，急向柴门去却关。"这是唐朝诗人崔道融的诗作《溪居即事》；比如"十日秋阴满径苔，蓬门那有客敲推。水边丹叶已如许，篱下黄花犹未开。"这是陆游的《秋思》。

要说和"篱"渊源最深的诗人，当属陶渊明。自从他写下"采菊东篱下，悠然见南山"两句诗之后，在后世的诗词中，"东篱"几乎成了陶渊明的代称。现在你们知道了吗，古诗中的"篱"仅仅只是篱笆吗？它代表的是什么呢？（诗人们写篱，表达的是对闲适田园生活的追求。）

再回到这首诗中，你们觉得那一幅图才是诗人"篱落疏疏一径深"中的篱笆呢？（让学生在多幅篱笆图中选择出最稀疏的一个。）

你们从哪个词找到的证据？（"疏疏"。）

（2）旧诗引入，理解"径"。

这个"径"字，我们也在三年级学过的一首诗中见过——"远上寒山石径斜"所以，这个"径"就是指——小路。

"一径深"呢，让你们看到一条怎样的小路？

3. 抓关键词，想象静态美景。

（1）（课件出示：篱落疏疏一径深）看到"疏疏""深"，我们的眼前会浮现出怎样的美景？和同桌交流一下吧。带着这样的想象，这句诗你们会怎样读？

（2）接下来就请你们也用这样的方法，抓关键词、想象画面，去阅读剩下的三句诗吧。

预设：抓住"新绿"和"未成阴"这两个词，可以看到旅店旁的树还未形成浓密的树荫，枝头绽出嫩绿的新叶，迎着春光生长，像春姑娘的眼睛，亮闪闪的，充满了生机。

抓住"追黄蝶"和"无处寻"，仿佛看到忽有几个儿童嬉笑着跑来，追捕两三只翩飞的黄蝴蝶，却见蝴蝶飞入黄灿灿的菜花丛中，怎么也找不到了。

4. 紧扣"急走"，创编动态画面。

（1）"急走"这个词是什么意思呢？

（课件出示：儿童急走追黄蝶中的"走"是什么意思？请选择：A. 走路，步行。B. 跑。C. 离去。）

（2）走——跑，你在哪些成语中看到过同样表示"跑"的走字呢？

预设："奔走相告""走马观花"……

（3）在"走"前再加个"急"。急走，是怎样地跑？

所以，透过"急走"，你们看到了一个怎样的儿童呢？他会有怎样的动作和神态？你们还仿佛听到了什么？脚步声？欢呼声？喘气声？同样，"无处寻"之后呢？联系你捉蝴蝶的生活，一定能引发出更多的想象呢。把你们的想象写下来吧。

（4）课堂交流学生习作。

5. 配乐诗朗诵：你瞧，我们就是这样用抓关键词想象画面的方法把整首诗的意思弄明白了，把诗的意境也想象出来了。带上这样的想象，再来美美地读读这首诗。

| 设计意图 |

杨万里的这首诗写得浅显易懂，有注释加持，对学生来说更无难度。但是，我们的古诗教学就是要由难读浅、由浅读深。只有抓住了"篱落"之意象，才能体会作者闲适的心情和对乡村田园生活的赞美；只有紧扣"疏疏、新绿、急走"等形容词去想象，才能看到那人间静好、儿童活泼的美景。

五、对比诗句学写法

有人说，杨万里的这首诗太简单、太浅显了，简直就像一首儿歌。但你若细细去品味，一定会发现诗中隐藏的妙处。

师示范：咱们看看这首诗前两句和后两句描写的景物分别有什么不同呢？

篱落、小径、树头，这些都是静止的，而儿童急走追黄蝶，飞入菜花无处寻，则是动态的。有静有动，简单几笔就为读者绘出了一幅春天乡间的悠闲图景。（课件出示：有静有动。）

生发现：杨万里就像一位高明的导演，牵着我们的视线在这乡间野外回旋。

赶紧再细细读读，你们还在诗中发现了有____有____呢？

预设：近处的篱笆，伸向远方的小径——有远有近

高高的树头，低低的菜花——有高有低

儿童急走追黄蝶——有声有色

前两句写景，后两句写人——有景有人

…… ……

| 设计意图 |

这个设计是有一定难度的。但只有带着思考去读、去发现，才更能体会到杨万里写作技艺之高、景物安排之妙，并潜移默化地去影响学生自己的写作。

六、作业超市，自选练习

今天的学习马上就要结束了。还有哪些地方你们觉得自己还需加强呢？请在作业超市中去选择适合自己的练习吧。

1. 练习书写本节课的三个生字：宿、徐、疏。

2. 熟读背诵并默写这首古诗。

3. 试着给这首诗创作一幅诗配图小作品。

附：学生习作

戏蝶乐

  蝴蝶忽上忽下地飞舞着，一个孩子蹲在地上，瞪大眼睛，一眨不眨地盯着蝴蝶。突然那孩子双脚一蹬，身子像弹簧似的一拉，双手往前一送，"啪"地合拢。"抓住了！我抓住了！"那孩子高兴得满脸通红，皮球似的又蹦又跳。大家齐刷刷地拥过来："哪儿呢，在哪儿呢？"只见他小心翼翼地张开手，可展现在大家眼前的只是那小孩汗津津的手心。

  众娃儿哈哈大笑，对那孩子做了个鬼脸，又各自抓蝶去了。这边一个孩子拿着捕虫网，高高跳起，双手"呼"地用力一挥，蝴蝶轻盈一绕，躲过了网，那孩子却摔得全身泥糊糊的。那边一对好朋友，一个腾空一跃，从左进攻；一个大网一挥，从右袭击，哗！网住了——同伴的头……

  蝴蝶呢？早轻巧地飞入了油菜花田。那田，是一大片充满着快乐、活泼、力量和生命的金色，一朵朵小花，正令人心醉神迷地开放着，蝴蝶瞬间被这金黄的海洋吞没了。小孩儿们撅着屁股，伸着脑袋，朝着那片金光指指点点，看了又看，找了又找。但蝴蝶，再也没有出现……

（湖南大学子弟小学　段秋烨）

蝶戏小娃图

  春光明媚，一个孩童正在篱笆边嬉戏玩耍，突然从花丛中飞出一只黄色的蝴蝶。

  孩子喊道："哈哈，看我逮住你！"他立刻追了上去。蝴蝶一会高，一会低，弄得孩子又是蹦又是跳，用手够够不着。"真是气杀我也！"脱下衣裳使劲往前扑，"看你往哪跑？"紧追蝴蝶，一脚深，一脚浅，满裤腿的泥。

  蝴蝶一眨眼飞进菜花丛中，孩子一头扎进花丛找起蝴蝶来。屏住呼吸，蹑手蹑脚扒开花丛，左瞧瞧，右看看，满脸的花粉，满头的花枝。"咦？跑哪儿去了？"找了半天，也没瞧见个影子。孩子顺势躺在菜花丛中欣赏起这无边美景。

（湖南大学子弟小学　李辰牧）

蝶入菜花无处寻

金黄的油菜花间，蟋蟀在歌唱，蜜蜂在操劳，蝴蝶在起舞，一切犹如一幅美丽的风景画，那么惬意，那么宁静……

突然，远处传来了一阵嬉闹声，由远及近，充满着活力——噢，原来是一群好奇好胜的孩子们，正在追逐着几只美丽的黄蝴蝶。

蝴蝶在前面"仓皇逃跑"，孩子们在后面紧追不舍，越追越起劲儿。他们推推搡搡，一会跳起来兴奋地尖叫；一会儿双膝跪地，眼睛睁得溜儿圆，像"扫视灯"似的探查着；一会儿又迈开小腿，跑来跑去。他们胖乎乎的圆脸蛋上挂着珍珠般晶莹的汗珠，两个红通通的小酒窝比春天的阳光还灿烂！吵吵嚷嚷的好不热闹！

追着追着，就来到了菜园中，兴奋转变成了屏息凝视，孩子们的眼睛都眯成了一条缝，嘴巴嘟得高高的，手在菜花中扑棱着，到底什么让他们驻足呢？

原来那黄蝶飞入了油菜花中，融入了那一片美丽的黄色。天真的孩子们找不到它们，准以为它们凭空消失了呢！

（湖南大学子弟小学　周多琳）

点　评

统编教材关注阅读策略，并设置了专门的阅读策略单元。本单元并非专门的阅读策略单元，但是李虹老师的这节古诗课多次将"联结"的阅读策略运用到教学中，让学生在"联结"中去"发现"。

1. 在本课教材中联结。《宿新市徐公店》一开始就提到"篱落"，联结到本课第一首诗《四时田园杂兴（其二十五）》也有"篱落"，让学生发现规律：古人一般只有在乡村，才能看到"篱落"，"篱落"就成了一种意象，是田园诗的象征。

2. 由课内联结到课外相关诗句。李虹老师采用群文阅读的方式，出示了好几首含有"篱"的古诗句，再联结到东篱先生陶渊明以及他的"采菊东篱下……"，让学生在群文中总结：诗人们写篱，展现的是宁静愉悦的乡村生活，有着飞花细雨的诗意。

作者写了田园风光，还写了活泼可爱的儿童。本节课的结尾部分，李虹老师还联结到杨万里的一系列描写儿童的古诗，发现作者特别关注可爱的乡村孩子们。

3. 由课文联结到生活。李虹老师示范，通过"疏疏""深"这两个词联结自己在生活中看到的场景：放眼望去，环绕旅舍的是稀稀疏疏、宽宽窄窄、错落有致的篱笆。透过篱笆，便能瞧见那条弯弯曲曲的乡间小径，绵绵长长，伸向远方。学生也学习到了李虹老师的方法，由课文联想到生活场景。比如，有学生抓住"新绿"和"未成阴"这两个词，看到了旅店旁的树还未形成浓密的树荫；有学生抓住了"追黄蝶"和"无处寻"，仿佛看到有几个儿童嬉笑着跑来，追捕两三只翩飞的黄蝴蝶……

李虹老师善于引导学生发现。除了引导学生在联结中发现规律，还善于引导学生发现作者写作的奥秘。通过古诗前两行和后两行的比较，发现诗中"有静有动""有远有近""有高有低"，学生们还发现了"有声有色""有景有人"。最后，李虹老师还要学生把自己的奇妙发现记录在笔记本上。

（长沙市岳麓区小语教研员　熊社昕）

静中生动　景中生情

——五年级上册《四季之美》教学设计

教材分析

"四时景物皆成趣",在《四季之美》中它更是体现得淋漓尽致。作者清少纳言被誉为"日本散文的鼻祖",其文笔细腻,字里行间蕴含着独特的韵味。

课文题目是《四季之美》,毫无疑问,作者正是以四季为线索,各领一段,分而绘之,结构明了,语言也很浅白。其文妙在独特的选材视角:春曙、夏夜、秋夕、冬晨,作者将四季分别凝于一个极具情趣的时间点,在这时间的背景下,天空、萤火虫、归鸦、炭火等平时常见的景物因瞬间微妙的动态变化,营造出淡淡的美,氤氲着生活的怡然之趣。

而这正是指导学生学会观察、描摹身边之景、落实本单元语文要素——"初步体会课文中的静态描写和动态描写""学习描写景物的变化"的极好的范本。

教学目标

1. 认识"旷、怡"等5个生字,会写"黎、晕"等9个生字,积累"红紫红紫、蒙蒙、翩翩"等叠词。

2. 能从课文细腻的语言文字中找到景物的动态变化,边读边想象画面,感受动静结合之美。

3. 朗读课文，背诵课文，体会作者笔下恬淡闲适的生活情趣。

4. 能仿照"……最美是……"段式，写一处自己印象最深的景物，写出景物的动态变化。

教学过程

一、畅聊四季，巧议选材

（一）古诗导入，感受四季美景

1. 课件出示古诗，齐声诵读。
忽如一夜春风来，千树万树梨花开。
停车坐爱枫林晚，霜叶红于二月花。
人间四月芳菲尽，山寺桃花始盛开。
接天莲叶无穷碧，映日荷花别样红。
2. 猜猜这是什么季节，并说明理由。

（二）议选材，给季节"代言"

人间四季更替，特色鲜明，各美其美。正是这些极具季节特色的景物，让我们一下就能猜出诗人所描绘的季节。假如让你们给最喜爱的季节找一个恰当的"代言"，你们会选择什么事物呢？

（三）读课文，发现选材之独特

1. 今天我们要学习的这篇《四季之美》，是日本平安时代女作家清少纳言的一篇散文。在她的眼里，四季最美的又是什么呢？自己去读读。

2. 课件出示每段第一句，和我们刚刚选择的季节"代言"相比较，你们有什么发现？

春天最美是黎明。

夏天最美是夜晚。

秋天最美是黄昏。

冬天最美是早晨。

引导发现：作者不从代表性事物入手描绘四季之美，而是分别选择了四季的一个时间点，把常见的事物放置于这特定的时间背景下，寻常的景物也显现出细腻和美好。如此选材，不落俗套。

| 设计意图 |

　　说到四季之美，学生第一反应是四季中各具代表性的景物，如春天的桃红柳绿，夏天的荷叶田田，秋天的遍野红枫，冬天的白雪皑皑……可这篇课文中，作者写四季是从一个时间点入手，写那时一瞬的寻常景物带来的动人与美好，选材之独特让人眼前一亮。再细细推敲，"黎明"和"早晨"、"夜晚"与"黄昏"，时间的细小差别更体现出作者感受之精微。这些都值得在学生最初接触文本时引导他们去发现、去体会。

二、品读课文，感受美好

（一）自读课文，圈画美文

作者笔下的四季，你们最喜欢哪一季呢？画出最打动你的文字。

（二）交流总结，读出美好

1. 预设一：叠词之美。

春：一点儿一点儿　微微的　红紫红紫的

夏：漆黑漆黑　翩翩飞舞　蒙蒙细雨

秋：点点归鸦　急急匆匆

冬：无雪无霜　熊熊的

读一读：这样的叠词带给你们怎样的感受？

2. 预设二：色彩之美。

春：鱼肚色　红晕　红紫红紫

引读：这样的色彩描写带给你们怎样的感受？除了这些直接描写颜色的词，你们还能从文中感受到哪些色彩之美？

夏：漆黑漆黑——闪着朦胧的微光

秋：夕阳斜照西山

冬：落雪、白霜、熊熊炭火、白灰

3. 预设三：与众不同之美。

夏："明亮的月夜固然美，漆黑漆黑的暗夜……即使是蒙蒙细雨的夜晚……"——不写明亮的月夜，却重点写暗夜和雨夜，出人意料。

秋："动人的是点点归鸦……"——乌鸦在很多地方常象征着不吉利或凄凉，而文中却写出匆匆归家的动人和温暖，与众不同。

冬："落雪的早晨当然美，就是在……"——冬日不写雪花，却写炭火和白灰，真独特。

引读：从作者这些不一样的景物中，你们感受到什么？

| 设计意图 |

　　作为日本平安时期的一位女性作家，清少纳言的文字有着她自己独有的韵味儿：简洁、清雅，具有淡淡的闲适和温暖。但这些韵味儿都藏在字里行间，唯有不断地、深入地品读才能悟到。

三、聚焦"动静"，读写结合

如果说之前我们感受了四季之美，那接下来我们要来学习作者是如何表达美的。大教育家叶圣陶爷爷曾说过"课文就是一个例子"，今天我们就以《四季之美》中秋天这一段为例，去探寻作者的写作密码。

（一）发现"静中生动"

1. 这段短短的文字里既有静态描写，也有动态描写。请大家浏览课文，分别用横线和波浪线画记下来。

2. 交流：请分别读出静态描写和动态描写的句子。

3. 对比语段：静态描写只有寥寥几笔，既然这么少，可以去掉吗？（去掉静态描写，只留动态描写，对比朗读）有什么感觉？

4. 总结方法：夕阳下的天空宁静祥和，仿佛是舞台上的大背景，这点点归鸦、比翼而飞的大雁则是背景上灵动的主角（师边说边板画）。静为背景、动为主角，以静衬动，静中生动！

5. 读中感悟：《四季之美》每段里都有这种以静衬动之妙，和同桌合作，任选一段，一人读"静"，一人读"动"，感受这动静相宜之美。

6. 拓展运用：在静的衬托下，动态主角就更加丰富迷人了。所以，"两个黄鹂""一行白鹭"，活泼有余，诗人会给它们衬上怎样的背景？

"两个黄鹂鸣翠柳，一行白鹭上青天。"掩映在翠柳之中的黄鹂，和青天映衬下的白鹭，带给我们怎样的感受？

试着填写静态背景，说感受：

（　　　　）飞燕子，（　　　　　　）睡鸳鸯。

（　　　　　　　　），早有蜻蜓立上头。

小结：因为有了这静态的背景，或与主角对比，或映衬主角，整个画面就有了不一样的氛围。

（二）发现"动中有变"

1. 再读：从"夕阳斜照""夕阳西沉"中你们发现了什么？时间在变，随之而变的还有什么呢？自读，填写表格：

时间在变	（　　）在变	（　　）在变	（　　）在变
夕阳斜照			
夕阳西沉			

小结：是啊，时间在变化，作者笔下的动态主角也变了；欣赏的角度变了，或是看，或是听……

2. 小组讨论：在其他季节，是不是也有这样的变化呢，找一找，和你们的小组成员交流交流。

预设：春天，鱼肚色、红晕、红紫红紫，颜色之变。

夏天，明亮、漆黑漆黑、朦胧微光，明暗之变。

冬天，熊熊炭火、一堆白灰，一红一白，一热一冷，一动一静，形态之变。

3. 小结：原来动态描写不仅可以写出"动"，还可以写出"变"。当我们把这一系列的变化写具体了，画面也就丰富起来，生动起来。

（三）发现"借情绘景"

1. 再读读每段的结尾，你们又发现了什么？

"这情景着实迷人""愈发叫人心旷神怡""未免令人有点扫兴"，作者直接写出自己赏景的心情。

2. 探究：除了结尾处，作者在文中不少地方都直抒胸臆。请画记出来，再和同桌讨论讨论，这些抒情的文字对写景有什么好处？

小结：原来除了可以"借景抒情"，我们还可以直接"借情绘景"，景中生情。因为有了这些表达情感的词语，这些看似普通的景物变得别有情趣。那暗暗雨夜不再是"风也萧萧，雨也萧萧"的凄冷，而变得"迷人"起来；那点点归鸦也不再是马致远笔下的"枯藤老树昏鸦"，而令人感动起来。萤火虫、大雁、炭火……这些事物都很普通，但因为清少纳言融入了她别样的情感，所以，这些事物便有了独特的韵味。

四、学以致用，仿写美景

今天，我们从《四季之美》中发现了原来写景有这么多方法：静中生动，动中有变，借情绘景……学以致用，让我们尝试着用上这些方法，写写身边最打动你们的某个景致。

课堂小练笔：

校园最美是（　　　　）。_____

| 设计意图 |

　　本单元的语文要素是"初步体会课文中的静态描写和动态描写","学习描写景物的变化"。两个要素均指向景物的描写方法。而《四季之美》无疑是一篇极好的"例子"。说到"动静结合"这个词,几乎每个学生都张口即出。但动静结合到底怎么写?对不少学生而言难度不小。这篇课文每个自然段结构相似,几乎都用三部分构成一幅美景:静态的背景+动态的事物+直接抒情的语段。于是,这篇课文的学习,我把重点就放在了这里——学习"静中生动""动中有变""借情绘景",并结合课后小练笔,运用这种段落结构描写生活即景。

读《调皮的日子》，学"用加法写人"
——群文导写教学设计

教学前因

前段时间，我布置班上孩子写了一篇人物外貌描写片段，收上来一统计，我发现了15双"水汪汪的大眼睛"、9对"月牙儿似的眉毛"、18张"樱桃小嘴"……

究其原因，孩子的习作生了病——条件反射病。一说眉毛，就想到"弯弯的"，像月牙；一说眼睛，就想到"水汪汪的"，像黑葡萄；一说嘴巴，就想到"小小的"，像樱桃。

怎么办？有一天我无意发现了女儿极爱读的一本书——秦文君的《调皮的日子》，书中有一个调皮捣蛋的（朱）智多星，被寄养在姑妈家，那里还有一个调皮蛋小傻（沙）。姑妈是个爱笑的超级胖子。姑父是个牙医，超级瘦，就是不懂孩子的心思。另外，还有同学中总拿倒数第一的林第一，胆小如鼠的张潇洒，名字听起来像小妖的曹小娇。班主任则是一个喜欢绿裙子、绿发夹、绿鞋子却不长绿手指的绿裙子老师。

总之，这是一个漫画似的家庭和学校。在这个故事中，秦文君就是用漫画的方式描摹人物、讲述故事的。

我尤其惊喜地发现，秦文君用漫画式的文字描绘了许多极具特色的人物外貌。于是，"读《调皮的日子》，学用加法写人"就这样出炉了。

基于学生习作中反映出的两大问题：①面面俱到、千人一面；②语言干瘪、人物不丰满。我制定了以下教学目标——

教学目标

1. 通过对比阅读，知道对人物外貌的刻画不用做到面面俱到，关键是要抓住人物的特征。

2. 通过共读《调皮的日子》刻画人物的句子，总结作者把人物的特征写实写活的方法——"绘人加法"。

3. 通过习作操练，学会"用加法写人"。

教学过程

一、对比阅读——猜猜他是谁

谜语一：

她真可爱，弯弯的眉毛，大大的眼睛像两颗黑葡萄，圆脸蛋像苹果一样红，一笑就会露出两个小酒窝。

不用说，没谁猜得出。于是我告诉孩子们：这可是你们昨天的习作，这位小作者写的就是他的同桌、我们的同学，可为什么天天在我们身边的同学，到了作文本上就成了熟悉的陌生人了呢？

谜语二：

他长得又瘦又小，只有脑袋大大的，上边只有三根稀稀拉拉的头发。（三毛）

谜语三：

可是，她偏偏喜欢绿色，绿裙子，绿发夹，绿鞋子，可惜，她的手不是绿色的，否则，碰到××乱动，用绿手一指，准让那胆小的××灵魂出窍，不敢犯规。（绿裙子老师）

谜语二、谜语三，孩子们简直是秒答。原因——人物特征明显，一位头上只有三根头发；一位为深爱着绿色。

通过这样三段文本的对比阅读，学生非常直观地明白了——描写人物外貌时不用做到面面俱到，关键是要抓住人物的特征，特征是人物外貌描写的灵魂。那什么是人物特征呢？即每个人独有的不同于别人的特点：可以是极具个人标识度的长相；可以是习惯性的衣着打扮；亦可以是个性化的表情、神色。

二、看图片，绘人物

图上的这位小男孩，一眼望去，最具标识度的外貌特征是什么？（胖）你打算怎么描写他的胖呢？谁来说说？

现场诊断，发现问题，绝大部分学生的描绘过于简单，缺乏形象性，比如说——

病例："他长得很胖，四肢又粗又短，肚子圆滚滚的。"

诊断：过于简单，缺乏形象性描绘。（干瘪式。）

三、读《调皮的日子》，学"用加法写人"

（一）读经典文段，探写人秘密

《调皮的日子》中也有个很胖的人——好好姑妈。赶紧读读第二章，哪些句子能看到好好姑妈的胖。

1. 姑妈不能笑的原因很简单，因为她是个超级胖子，胖得简直就是熊的亲戚。（你发现了吗？大作家用什么方法写出了姑妈的胖？相机板书：胖＋动物比喻。）

2. 如果，她弯下腰抱住腿，那就成了一个地球仪。（如果是你，说到胖，你还会比喻成什么物品？）

3. 姑妈偶尔也有发愁的时候，那就是她的衣服又太紧了，或是扣不上扣子，或是往下一蹲拉链就开了。(哈哈，这是焦点访谈，用事实说话——举事例证明。)

4. 确实，姑妈很胖，所有的衣服穿在她身上时都会紧巴巴，而晾在竹竿上却像个大布袋。(发现作者的写作秘密了吗？——真是没有对比就没有伤害啊！)

5. 当她走路时，我就担心她扭啊扭啊的会突然栽倒下来。(这一招是"胖＋联想猜测"。)

6. 可是，每当她坐下时，我更不安，因为沙发会发出吱吱的怪声，就像随时要塌掉。(加上声音，姑妈就显得更胖啦！来，我们也一起打开脑洞，还有哪些声音会让我们知道她很胖？)

(二) 探索完毕，开始总结

看着板书，作家刻画人物的写作密码便呼之欲出了——抓住"胖"字做加法。抓住人物的一个特征，层层叠加地进行描绘，生动的人物形象就在我们的眼前"活了"。我们把这个方法命名为——"绘人加法"。(相机板书：绘人加法)

胖＋动物比喻＋物品比喻＋举例说明＋对比描写＋联想猜测＋声音衬托＋……

| 设计意图 |

对孩子来说，写作文最难的是什么？一是没有丰富的积累，写出来的大多是简单的句子；二是简单地叙述，不会展开，学生习惯于单线条思维。在这种情况下，我们便需要经典文本来做火把，点亮学生的作文之路。

四、举一反三，操练"绘人加法"

1. 用"绘人加法"重写图片上的小胖墩儿。

(附：学生习作

这个人胖得像摇摇摆摆的大象，又像一辆巨型巴士，他只要一出现在路上，准会占了大半边马路。对他而言，穿衣、睡觉都是件超级痛苦的事儿。他每天躺上床，床都会发出惊天动地的"吧唧"一声响，然后便会听到床架痛苦的呻吟。他曾经逛遍9条街都没有买到合适的衣服。有一次，我穿了件和他同样尺码的衣服，只听"刺啦"一声，他的衣服裂了，而我却早已被淹没在衣服中了……）

2. 由此及彼。接下来，不准再写胖了，要求以"这个人太（　　）了"开头，运用"绘人加法"描写人物。

（附学生习作两篇：

这个人太高了，高的像能把脖子伸到云里的长颈鹿。如果有人想跟他握手，最多只能摸到他的裤腰。人们都怕他——因为他的眼睛离地面太远了，所以常不知道脚下踩着什么。这可能就是使他第33次赔别人鞋子，第66次赔小朋友车子，第99次赔商店玻璃的原因了吧。

这个人太黑了，像刚从煤炭堆里爬出来的。假如在一个伸手不见五指的黑夜，你就只能看到他的一点眼白啦。当他站在木炭店门口时，准会给店家带来很多生意，因为他自己就像一块烤焦的木炭啊。反正，他只要和黑色的东西在一起，就完全融合了，就算是黑墨水溅到他的手上，也丝毫看不出来。）

3. 课外练习，熟练使用"绘人加法"。

（1）读经典，用一个词概括人物特点，并写出作者的"绘人加法"算式。

他生就一副多毛的脸庞，植被多于空地，浓密的胡髭使人难以看清他的内心世界。长髯覆盖了两颊，遮住了嘴唇，遮住了皱似树皮的黝黑脸膛，一根根迎风飘动，颇有长者风度。宽约一指的眉毛像纠缠不清的树根，朝上倒竖。一绺绺灰白的鬈发像泡沫一样堆在额头上。不管从哪个角度看，你都能见到热带森林般茂密的须发。像米开朗琪罗画的摩西一样，托尔斯泰给人留下的难忘形象，来源于他那天父般的犹如卷起的滔滔白浪的大胡子。

——《茨威格论列夫·托尔斯泰》

人物特点：_____；

绘人加法：_____。

孩子不足两岁，塌鼻子，眼睛两条斜缝，眉毛高高在上，跟眼睛远隔得彼此要害相思病，活像报上讽刺画里中国人的脸。——《围城》

人物特点：_____；

绘人加法：_____。

（2）学写作：在身边寻找一个最具特点的人做模特儿，运用"绘人加法"进行外貌描写。

| 设计意图 |

学了不用，等于白学。一直认为，小学生的习作训练，需要举一反三，即从范本中学到方法；更需要举三反一，即在反复的实践和操练中，引导学生自己去归纳、去梳理、去掌握方法规律。这些都需要学生牛刀小试、反复操练。

教学反思

一堂作文课就这样结束了，在这堂课中，孩子们只读到了几段文字，只学到了一点方法，甚至只学会了写一个片段。但我想，让精选的经典群文成为学生习作的范本、成为习作精准知识的放大镜，让每次习作教学"迈小步子"，点点落实，这样才能让我们的导和写显在明处，落到实处。

教育随感

教育"慢"思考
　　——赴欧洲考察学习心得

从二备《新型玻璃》看新课程"教材观"

一年级教学日记（节选）

读课文　写作文

教育"慢"思考

——赴欧洲考察学习心得

来到欧洲，虽说只有短短的十天，但一个字缓缓地在脑海中浮现、沉淀下来——慢！

跟国内旅游不同，在欧洲，每天早晨是不需要早早起床，飞速开车的。因为太早了，所有的教堂、学校、博物馆、店铺……都是关门的；因为几乎所有的道路上都有限速标志，高速公路也常见到"限速60"的标志。于是，被迫，我们的行程慢了下来。

法国，像午夜电台播放的轻音乐，优雅、慵懒、随意。在法国，常看到三三两两晨跑、午跑，甚至夜跑的人们；遍布街巷的咖啡店里永远有优雅地坐着聊天的人群；塞纳河畔，或拉提琴，或捧书本，或挥笔素描，或者就静静地站在桥上吹风的人都成了我们这群游客眼中的风景。想起导游小徐的介绍——"巴黎人每天的生活很'三八'，8小时睡觉，8小时工作，8小时锻炼。""8小时工作中，到了中午，是有午餐时间的。然后下午可以光明正大地邀约办公室的同事一起去街边喝喝咖啡聊聊天。回到办公室就收拾收拾准备下班或者准备健身去了……"我不自主地对巴黎人的"慢工作"羡慕起来。

瑞士，像色彩明丽的明信片，风景是凝滞的，时间是静止的。天空蓝得没有一丝杂色，连白云都懒得飘动，像被泼洒的鲜奶，占据着天边固定的位置。大片大片绿得直沉心底的草坪上，几只黑白奶牛油画般定格，悠闲地啃着青草。山间云雾、彩色木屋，还有山顶的积雪，温柔的湖水，就这样把我们的眼睛直直地勾了去，怎么也挪不开。在这样静止不动的风景里，你怎么不想就此慢下匆匆的脚步，放下一切喧嚣、繁杂、欲望、追求，把自己也融成那绿中的一分子，去享受这份"慢生活"？

来到中法双语学校 PANHARD。小小的大门，掩映在树丛与居民区中，让我们一顿好找。走进校园，难得的安静，全然没有国内小学的嘈杂与喧闹。校园内看不到评比栏、争优窗，孩子们的衣物散散地挂在走廊里，教室内外到处都可以看到学生的作品，很随意地张贴着，没有刻意的修饰。下课了，孩子们渐渐涌了出来，对我们好奇而友好地笑着，也带点儿羞涩，但全然没有国内小学课间刺耳的尖叫、没命的追跑。校长和督学一直笑着，告诉我们，法国对孩子没有分数的测评，对老师没有专门的考核，对学校也没有各项排队；孩子们每天6小时学习时间，周二和周五只上半天课，其余学习时间也常常安排去卢浮宫参观之类的活动；学校共有5个年级11个班，除了每个年级2个班外，特意给刚从国外来的孩子开设1个班，有专门的老师陪伴，等待他们慢慢适应法国的学习和生活……林林总总，再次感受到法国的"慢教育"——给孩子更多的选择，给孩子更多的时间，给孩子更多的营养，不催促，不激进，静静地等待花开，甚至不在意花是否开放，是否结果，而只在意花是否自然、快乐地生长。

由此，便想到网上热传的教育美文《牵一只蜗牛去散步》；由此，再想到米兰·昆德拉在小说《慢》中写道："跑步的人与摩托车手相反，身上总有自己的存在，当他跑步时，他感到自己的体重、年纪，就比任何时候都意识到自身与时间。"或许，我们真的应该慢下来，才会更接近教育的本质，更接近生命的真实。

2013.10

从二备《新型玻璃》看新课程"教材观"

随着新课程改革，不知不觉中我们的语文教学发生了许多变化。和"麓山语文茶座"的同人在一块儿，谈得最多的便是对教材的使用。新课程提倡"用教材教"，而不要"教教材"。那么，"用教材教"与"教教材"有什么不同呢？笔者力图从二备《新型玻璃》的实践中一探端倪。

一、理念有别

课改前，由于受传统应试教育的影响，再加上教学大纲"纲"性太强，以纲为纲，以本为本，做教师的往往把语文教材看成知识的唯一载体，把完成教材所涉及的内容视为完成全部教学任务。拿到一本教材，首先找出有多少个知识点、考查点；教授一篇课文，只追求让学生"读懂"即可。这是典型的"唯教材"观，亦是我们常说的"教教材"。这种以教材为唯一"孤本"和"圣经"的观念抹杀了教材应有的作用，师生的个性发展受到极大的限制。

在新课程改革中，教学视野由"知识"转向"人"，转向"生命"，转向"成长"，语文课程以全面提高学生的语文素养为目标。于是，课程、教材、教学的意义不断地被反思与重构。正如叶圣陶先生所说："语文教材无非是个例子。"这就要求我们变"教教材"为"用教材教"。即不仅仅把课堂教学的立足点落在一个"懂"字上，更要"凭借"教材，从知识能力、过程方法、情感态度价值观等多个维度去考虑发挥教材对于促进学生发展的最大功效，将语文教材当成"获知之例,育能之例,启智之例,培养学生语文素质的例子"①。

二、目标有别

《新型玻璃》是人教版课标本小语教材五年级上册的一篇课文,课文分别介绍了夹丝网防盗玻璃、夹丝玻璃、变色玻璃、吸热玻璃、吃音玻璃这五种新型玻璃的特点和在现代生活中的用途,属于知识介绍性的说明文。课文词句浅显,内容平实,易读好懂。作者的写作直截了当,言简意赅,有规可循。

那么,在"教教材"还是"用教材教"的不同理念指导下,自然形成两种不同的教学目标,我们不妨来对比一下。

课改前我定的教学目标:

(1) 掌握课文的14个生字,理解新词的意思。

(2) 能正确、流利、有感情地朗读课文。

(3) 弄懂课文中所介绍的五种新型玻璃的特点和用途,以及它们在现代化建筑中的作用。

课改后我定的教学目标:

(1) 掌握课文中的8个生字及"安然无恙"等词语。

(2) 能正确、流利、有感情地朗读课文,感受科技给人们的日常生活带来的好处。

(3) 能运用说明文的阅读方法自学课文,学会抓住要点,了解几种新型玻璃的特点与作用。

(4) 理解课文运用了哪些说明方法,并能在习作中运用。

(5) 培养学生的创新意识、动手能力,试着把自己想发明的玻璃用自己喜欢的方式写出来。

两相比较,我们不难发现:课改前的教学目标侧重于把文章读通,把课文内容读懂。读通了,读懂了,教学目标就达到了。课改后的教学目标较之

---

① 赵景瑞. 探索语文教学的真谛. 北京教育, 2001 (8).

前有了很大区别：要在读懂的基础上抓住课文要点，了解文章的基本说明方法；要读写结合，读中练写；要动手动脑，培养学生的创新意识。显然，课改后的课文是一个发展学生多维度语文素养的"范例"与"凭借"。

这样，确定教学目标的依据如下：一是新课程"用教材教"的理念；二是课标"阶段目标"中高年级段关于说明文教学的要求；三是教材的特点及编者的编写意图。

三、过程有别

翻开多年前的备课本，我是如此设计本课的教学过程的。

（一）初读全文，整体感知。学生轻声读课文，找出课文中写了哪几种新型玻璃。

（二）分段学习，了解五种新型玻璃的特点、作用。

（三）朗读全文，师生总结。

这样的教学过程正是在前一教学目标的引导下产生的，为了完成教学目标，我把教学的重点定位在让学生了解课文五种新型玻璃的特点和作用上。于是乎，我依纲靠本，引导学生一段一段地分析了各种新型玻璃的特点和作用，花费了整整一个课时。实际上，这篇课文浅显易懂，学生只需花 5—10 分钟便能自主完成这一任务，还需要教师花上整整一节课的时间去串讲吗？更何况，在这样的课堂上，为了让学生准确无误地掌握这些特点，教师一点一点地分析，学生亦你一言，我一语，七嘴八舌，把这篇生动的科普文章被分析得支离破碎，鲜活的语言淡化了，学生的情感剥离了，只剩下抽象的"特点"和"作用"，语文课上成了一堂科学常识课。

新课改后，我重新设计了本课教学过程。

（一）看课题，提出疑问。

意在激发兴趣，引导质疑。

（二）整体感知，抓住要点。

过去也有整体感知这一环节，但只要学生说出一种新型玻璃，教师便予以肯定。现在不行了，学生必须在通读全文的基础上，抓住关联词，概括课文介绍了哪五种新型玻璃,立足点是"抓住要点"。

(三)小组学习,自主探究。

默读课文,分小组任选一种方式学习:

1. 设计一个表格,把五种新型玻璃不同的特点和作用填在表格里。

2. 任选一种玻璃,以"新型玻璃"的口吻自述自己的特点与作用。

3. 以"新型玻璃厂"推销员的身份设计推销语或广告词。

正是通过这样的小组学习,"教材"成了一个事实材料,学生围绕"特点"与"用途"饶有兴趣地去读、去议、去辩、去思索、去动手、去表演。在这样一个"亲历探究"的过程中,学生自会产生自己的感悟,建构属于自身的东西,这种生成远比单纯让学生明白并记住书上的结论要丰富、有价值得多,并且所花时间也只要原来的一半。

(四)再读课文,掌握说明方法。

先回忆一下,在前一篇课文《鲸》中,我们学到了哪些说明方法?再找出《新型玻璃》中哪些句子运用了什么样的说明方法,然后设计迁移练习,例如用"可以……可以……也可以……"介绍其他玻璃的用途。这样,把学方法与用方法紧密结合起来。

(五)适当拓展,想象成文。

1. 在生活中,我们还需要怎样的新型玻璃。请展开想象,设计一种新型玻璃。

2. 用自己喜欢的方式,把自己"发明"的新型玻璃写下来。

新课程一再强调,"在发展语言能力的同时,发展思维能力,激发想象力和创造潜能"。因此,在课堂结束之时,当学生们对新型玻璃正充满了探究的兴趣,学生们通过"课文"这个例子已经掌握了一定的构段方式、说明方法时,让他们自己也来做一回发明家,并把发明的产品写下来时,无疑更关注了学生的"创造潜能"及"持续发展"。

四、方式有别

通过两种"教学过程"的展现,我们亦能很清晰地看出两种完全不同的教学方式和学习方式。

前者是被教师"牵"着走的"填鸭式"教学方式，学生只为完成教师的提问，而教师只为完成课文的知识目标。

后者是在教师引导下的学生自主、合作、探究性学习的教学方式。课始，问题是学生们自己提出来的，生字、新词也是学生自己找出来的、弄不明白的；小组合作学习的内容也是可以自行选择的。

…… ……

学生从"只是接受知识的容器"转变为"学习和发展的主体"，而学生的积极参与亦丰富了"教材"的外延。

五、效果有别

在前一个课堂上，我们看到的是学生规规矩矩、唯唯诺诺，被教师带进理性分析的胡同；在后一个课堂上，我们看到的是学生既有冷静的思考、概括，也有神采飞扬的自述、表演，更有大胆的创新、想象。

"教教材"理念下的课堂，学生收获的仅仅是这一篇课文，他们仅仅读懂了什么是新型玻璃，有哪些新型玻璃，新型玻璃的特点和作用是什么；而"用教材教"理念下的课堂，学生不仅掌握了知识目标，还提高了快速处理信息的能力、抓住课文要点的能力、运用说明方法的能力、说话写话的能力，还拥有了创新意识。我想，哪一种教学效果更好，已毋庸讳言。

新课改推行到今天，我们已经清醒地认识到，语文教材对学生来说，是获得语文知识信息、发展语文能力、汲取人文素养、提高语文素质的基本源泉；对语文老师来说，是进行创造性教学的凭借。我们只有怀着"遵循而不唯是""创造而有所立"的观念，依据教材文本和"三维"目标，结合具体的教育环境创造性地确立教学内容，才能实现语文教学过程的最优化。

一年级教学日记（节选）

绘本开学记——读《小魔怪去上学》

2021.9.7

开学一周了，真的是兵荒马乱、精疲力尽。早对一年级＋午托班班主任＋课后服务做了充分的心理建设，但还是高估了刚从六年级下来的我。设想着带这一届要做些活动性记录，要写写教学日记，结果还是被开学的各种表格、被家长的各种问题、被孩子们的各种状况和种种事务缠绕，把时间割裂成了一个个连不起的碎片，也把思维拉碎。所以，接下来要思考如何精简工作，把常规工作流程化。要学会偷懒，偷懒是为了更好地集中精力。

绘本伴入学

开学前两天，入学教育、常规训练，还是决定从绘本入手，因为绘本是最能吸引幼儿"看见"美好的书籍。选哪个绘本？关于上学的绘本有很多，伊娃娜的《上学的路》，重在教给孩子们上学路上的安全，这一点我们班暂时不需要强调；贝贝熊的《上学》，感觉说教味儿太浓了点儿；最热门的《大卫，上学去》这本书告诉孩子不该做什么，而多年的班主任经验告诉我，你越告诉孩子不该干什么，结果他记住的就是不该干的。所以，最后还是决定读它——《小魔怪要上学》，因为"魔怪"是孩子们的最爱之一。

怎么读？说实话，没有做详细的备课，平时的随堂课还是需要点闲适性

吧，过于精益求精往往会把自己逼得干脆啥都不想干了。(好吧，再次给自己的懒找借口)

　　课前，自己先走进绘本，寻找孩子们有可能感兴趣的点。除了小魔怪，爱吃人的、前后转变极大的大魔怪其实更能吸引孩子们的眼球，还有那本"有许多小小的、黑黑的符号的书"……

　　再想想，我想要用这个绘本达到什么目的呢？让孩子们爱上阅读，感受上学的魔力，顺带引出些上学的规则……

　　正式开讲，我用了一种比较夸张的、无比生动的讲述方式，因为要让他爱读书先让他从爱这本书开始！选了几个点和孩子们做拓展交流。

　　讨论一：唉！爸爸妈妈从来不陪小魔怪玩游戏，也从来不给他讲故事。在小魔怪家里，没有甜甜的苹果派，没有可口的牛奶米饭，也没有好吃的水果蛋糕。

　　听到这里时，孩子们的脸上明显露出些意外的神色（我很欣慰我们班的孩子是生活在爸爸妈妈的爱中）。我说："你们猜，还没有什么呢？你们也能用上'没有……没有……也没有……'来说说吗？"（孩子们有点茫然）"想想看，你最喜欢的东西……"孩子们马上七嘴八舌："小魔怪家里没有奥特曼，没有%￥#，没有&&&……"（恕我"out"了，记不住孩子们口中的玩具）"小魔怪家里没有甜甜圈，没有手抓饼，也没有冰激凌。""小魔怪家里没有钢琴，没有积木，也没有好看的书。"（听到有说到书的，我心中一阵窃喜）还有个孩子竟然有了抽象的表达："小魔怪家里没有温暖，也没有笑声"……有了这些的想象和铺垫，孩子们对后面阅读带来的变化感受才更深。

　　讨论二：小魔怪讨厌这一切，他总是一个人待在自己的房间里，一会儿大喊大叫，一会儿跺脚……

　　"如果小魔怪每天，每天都这样过下去的话，他会变成一个什么样的魔怪呢？"

　　孩子们悲悯地说："他也会变成和爸爸妈妈一样的吃人的大魔怪的。""他会变成一个暴躁的小魔怪。""天天只会生气的小魔怪。""会把自己肚子气爆炸的小魔怪。""孤独的小魔怪。"……

讨论三：小魔怪捡到那本有许多"小小的、黑黑的符号"的书，晚上，小魔怪拿着手电筒，躲在被窝里，仔仔细细地把这些符号看了一遍又一遍……可是，他还是不知道他们在说什么。小魔怪难过极了。

"怎么办？快帮帮小魔怪吧。"

孩子们很热情："可以去问小魔怪遇到的那些小学生啊。""还可以问老师。""要上学，上学就能认字了！"（答案都很正统。本想趁机教一教那首超级有趣的儿歌《写字很有用》，但又担心打断了绘本的连续性，所以改为听完整本绘本后再学。）

讨论四：接下来的晚上，小魔怪放学一回到家，还来不及放下书包，爸爸妈妈就拉着他的袖子，让他再讲一个故事。随着故事情节的起伏，他们一会儿大笑，一会儿哭泣，有时，甚至害怕得浑身发抖。

"你们猜，小魔怪给爸爸妈妈讲了些什么故事？"（这个问题的抛出，炸出了不少故事，也让孩子们对那些读书多的孩子充满了羡慕。）

讨论五：每天，小魔怪都可以享受美味的饭菜，他觉得好幸福啊！他决定，在他生日那天，要邀请所有的小伙伴到家里来做客。不过，他忘记了，他的爸爸妈妈可都是爱吃人的大魔怪呀！当他为小伙伴们打开门的那一瞬间，他才忽然想起来。可是，安安、奥奥、蒙蒙、赫赫……他们都来了，小魔怪害怕极了。

"天哪！你们猜，结果会怎样？"（这是最吸引孩子们的一个情节。看图片上，大魔怪尖尖的牙齿，小魔怪吓傻了的表情，还有小伙伴们乐呵呵跑来的样子，都让孩子们紧张极了。大部分猜会被吃掉，也有猜大魔怪不会吃小魔怪的朋友的。不管怎样，绘本读到这里，有点累了，正好刺激了孩子们对绘本的兴趣。尤其为"读书太有用了"这一主题营造了极好的氛围。）

一、二、三！让我们一起打开下一页。哇！看到图上孩子们在大魔怪头上无法无天的样子，孩子们都笑了："他们把大魔怪当马骑了！""我也想坐到大魔怪头上去。"……

讨论六：看图。

咦？这是怎么回事呢？联系前面的故事想想看。有孩子马上抢着说："大魔怪听小魔怪讲了很多故事，所以就懂道理了。"

再趁热打铁："哇！读书有这么多的好处啊？！"

"是的是的，我看到前面有一幅图，魔怪妈妈还从书里面学会了做水果派呢！"（绘本就是个巨大宝藏，图画中藏着许多秘密。）

"书里面还有游戏。"

"可以教我们画画。"

"唱歌。"

"还有很多的儿歌。"

…… ……

图书对孩子们而言，有这么多实际的作用，而不仅仅只是学知识、懂道理。

拼音教学思考

2021.9.27

一年级的语文教学中，有一道老师、家长、孩子都很痛苦的坎儿：学拼音。那么如何跨过这个痛苦的坎儿呢？

一、紧扣要求，不拔高，不人为给自己添堵

按照新课标的要求，汉语拼音最主要的功能是辅助识字和说好普通话。所

以,教学的取舍、侧重都以能突破这个难点为准,不要过多纠结。还有,拼音的学习是个长期的过程,不要想着在这一个月内就能人人拼读过关,拼音集中教学之后教师还可以借助生字和课文的学习让学生继续练习拼音。这样一想,是不是就缓解了些教、学拼音的焦虑了呢?

二、逐步突破,学习拼读

学会拼读是关键,但这也是难点,所以从一开始就要步步为营!

1. 韵母怎么教?拼读的基础是能任意快速地读出带调韵母。那么,就这么办:①用手势辅助,正确发准音调;②尽量创设生活情境过声调关,如:í(咦),你怎么又来了?Ò(哦),我明白了!③把更多的教学时长留给带调韵母的随意抽读。

2. 声母怎么教?拼读规则是"声轻介快韵母重,两音相连猛一碰",所以,从最开始教声母就要教孩子读得又轻又短。

3. 拼读怎么教?教拼读最忌讳拖长音 b——a——b‑a——ba。可以请孩子们听老师是如何快速地把两个音结合在一起的;可以让孩子们做声母的口型发韵母的音;最笨的办法是把基本音节每天像整体认读音节一样呈现带读,直到读熟。

好吧,想法很丰满,但现实也有可能很骨感。所以接下来还要视具体情况进行摸索。

步步为营读诵写
——《夏天在哪里》诵读记

2021. 9. 29

一直喜欢带着孩子们读儿歌,读很有童趣的儿歌。本来计划一周带领孩子们最少读一首,可计划没有变化快,自开学时读了《写字很有用》,今天终于又读了一首《夏天在哪里》——原想借这首儿歌吐槽一下长沙永远过不去的夏天,可今天突如其来的一场秋雨却让我们品尝到了久等不至的秋的味道。

首先是带着孩子们读正确。因为我们班有一半的孩子是零起点,有很多字他们都不认识的。第一遍,老师用手指读,孩子们看得很认真,也对儿歌有了初印象(有点出乎我意料的是,孩子们的初印象显得比较平淡)。第2~4遍,老师一句一句点着字带读,学了儿歌也顺带模模糊糊地识了字。读着读着,孩子们有点不耐烦了,加点刺激吧:"哪些能干的小朋友不需要老师带,可以自己读了?"刷!几乎个个都举了手。管他是不是都认识字了呢,我的目的不就是让大家多读几遍嘛,不认字的跟着认字的,记不住的跟着记住了的,挺好。

接着是领着孩子们去品读。不是反应平淡嘛?那是因为没走进儿歌的画面!所以咱必须步步追问出来!

第一步,层层入文本。

1. 儿歌中的夏天在哪里?"床上""头上""河里""街上"。孩子们抢着举手,顺序有点乱,但一个一个地都找出来啦!

增加难度:谁能把小朋友们找到的这些地方一口气说出来?(很明显,举手的少了,毕竟是才入学的孩子,这样的问题还是有难度的。但语文课要培养学生提取信息的能力、信息综合的能力,就必须在平时的教学中多请孩子们把所有的答案找出来,而不是满足于大家各找一处,这是热闹但肤浅的课堂。)

2. 继续提问:读读这一句:"夏天在头上,头上戴草帽。"为什么说夏天在头上?(孩子们听到这样的问题好像有点懵,估计平时和家长在读儿歌时从来都是单纯地读)终于有个小男孩说:"因为夏天晒得头滚烫滚烫的!"

3. 哦,所以夏天出门就必须要戴草帽,一看到草帽就知道是夏天啦!对吧?那现在你们知道了为什么夏天在"街上"?在"床上"?在"河里"了吧?

"因为夏天可以吃冰淇凌呀,夏天的街上好多地方卖冰淇凌。"

"因为一到夏天就可以去河里游泳了,所以夏天就跑到河里去了。"(很喜欢这个孩子童趣十足的回答。)

但对"夏天在床上,床上睡午觉"的理解孩子们遇到了些障碍。想了半天,一个孩子说:"因为夏天的阳光晒到床上去了。"也是,不爱睡午觉的孩子怎么能体会到夏日的"午困"呢?还是老师出马吧:"哦,阳光可不分春夏秋冬,它都能晒到床上去。儿歌中说夏天在床上是因为夏天特别容易犯困,中午睡午觉的人比较多。"马上就有孩子插嘴了:"应该是被太阳晒晕了。"(哈哈!所以很想对这首儿歌的作者说:这一句最好换一个更贴近孩子的事物。)

第二步,想象式朗读。

1. 没有想象就不会有画面感,所以一定要引导孩子们在想象中诵读儿歌。如何引导孩子们想象?老师的示范是最简捷有效的方法:"我猜第一句话一定是一位农民伯伯说的,在地里晒了一整天的农民伯伯看着大太阳,摸着草帽,叹着气说:'夏天在头上,头上戴草帽。'"(老师秒变瞪着大太阳、手搭头顶的农民伯伯。压粗嗓音、夸张的诵读把孩子们逗得咯咯大笑、竞相模仿,教室里热闹极了!)

2. 接下来要把想象的棒子传递给孩子们啦:"第二句呢?你们猜是谁说的?"

"我猜是卖冰糕的阿姨说的。"嗯,有道理。"那你能学着卖冰糕的阿姨大声吆喝着来读这句话吗?"(孩子的声音大极了,我还教他把手放在嘴边做喇叭状,这一下更形象了。)

"我猜是一个小孩子说的,因为他最喜欢吃冰糕了。"

"那你也来模仿一下。"(学生读得比较平淡。)

"咱们班爱吃冰淇凌的小朋友把手举起来!(不用看就知道有一大片)来来来,把你们想吃冰淇凌的样子做给我看。"(孩子们的各种表情生动极了,因为表演自己是很容易的。)

(请两个表情最夸张的小朋友上台表演,大家更是乐翻了,再读这一句,教室里口水流了一地。)

3. "第三句呢?谁说的?"

"我猜是一个小学生说的,他上了一个上午的课,中午很困了。"(孩子们的想象就是这样地忠于自己的生活)于是这一句的诵读就变成了懒洋洋的、趴在桌子上的、拖着长音读的版本。

4. 最后一句就不用再问啦,直接交给孩子们。于是教室里出现了"扑通跳下水版""自由泳版""胡乱扑腾版",但是欢乐的声音却是一样的!

第三步,拓展编儿歌。

跟着区教研员连续做了两届有关读写结合的课题实验,所以,拿到好的文本就按耐不住,指导学生也照样子说说写写:"夏天还在哪里呢? 咱们也来编编儿歌。"

"夏天在教室里,教室里吹空调!"小男生用手指着教室前的大空调,大声说!(惊不惊喜? 意不意外? 我并没有教孩子们注意儿歌的"顶针"式的结构,却被孩子们敏锐地捕捉到了并付诸了实践。所以说,诗意的语言是可以通过反复诵读而传递的。)

"夏天在厨房里,厨房里忙做饭。"(当小女生刚刚说到在厨房里时,我的第一反应是她说错了:"哦,我们要找到夏天和其他季节不同的地方,做饭是一年四季都会做的呢。"我示意她坐下,她却很固执:"可是,夏天奶奶在厨房里做饭会很热! 会出很多汗!"这是个多么孝顺、多么有同理心的孩子啊,于是我和她一起修改了一下这句诗:"夏天在厨房里,厨房里真热啊!")

另一位小女生从这里受到了启发,马上举手说:"夏天在身上,身上流大汗。"

还有对夏天大地的争执:"夏天在地上,地上流水了!"(这是对夏雨的另类解释吧)"不对不对,夏天在地上,地上干涸了!"(很佩服这位和同学唱反调的孩子,居然还会用上"干涸"这个词。不过,老师觉得你们都对!)

意犹未尽,回家把儿歌表演给爸爸妈妈听,并照样子也说几句,请爸爸妈妈帮忙写下来。本子收上来后,开心的是从诗歌中看到了孩子们在四处寻找夏天的影子,看到了家长们的用心指导,尤其让人惊喜的是还有孩子开始编《冬天在哪里》。稍微有点遗憾的是,回家后创作的版本大多缺少了点儿童趣,原因是什么呢? 值得思考。

附1:

夏天在哪里

许 浪

夏天在头上,头上戴草帽。

夏天在街上,街上买冰糕。

夏天在床上，床上睡午觉。

夏天在河里，河里在洗澡。

附2：学生作品

你还发现了夏天在哪里呢？请把你的诗说给爸爸妈妈听，请爸爸妈妈写在下面：

夏天在家里，家里开空调。
夏天在树上，树上蚕歌唱。
夏天在脸上，脸涂防晒霜。
夏天在湖边，湖边去乘凉。

你还发现了夏天在哪里呢？请把你的诗说给爸爸妈妈听，请爸爸妈妈写在下面：

夏天在天上，天上有烈日。
夏天在身上，身上直冒汗。
夏天在房里，房里吹空调。
夏天在树上，树上知了叫。

你还发现了夏天在哪里呢？请把你的诗说给爸爸妈妈听，请爸爸妈妈写在下面：

夏天在房顶上，房顶晒太阳。
夏天在地上，地上裂开缝。
夏天在衣服上，衣服晒干了。
夏天在身上，身上热乎乎。

你还发现了夏天在哪里呢？请把你的诗说给爸爸妈妈听，请爸爸妈妈写在下面：

夏天在家里，家里开空调。
夏天在山上，山上流溪水。
夏天在海边，海边玩沙子。
夏天在池塘，池塘在钓鱼。

你还发现了夏天在哪里呢？请把你的诗说给爸爸妈妈听，请爸爸妈妈写在下面：

夏天在树上，树上知了唱。
夏天在农田，农田收割忙。
夏天在果园，果园水果香。
夏天在家里，家里空调凉。

你还发现了夏天在哪里呢？请把你的诗说给爸爸妈妈听，请爸爸妈妈写在下面：

夏天在海边，海边抓贝壳。
夏天在山上，山上看美景。
夏天在球场，球场踢足球。
夏天在泳池，泳池学游泳。

你还发现了夏天在哪里呢？请把你的诗说给爸爸妈妈听，请爸爸妈妈写在下面：

夏天在家里，家里吹空调。
夏天在桃林里，桃林里摘桃子。

夏天在树枝上，树枝上蝉了叫。
夏天在池塘里，池塘里鸭子叫。

你还发现了夏天在哪里呢？请把你的诗说给爸爸妈妈听，请爸爸妈妈写在下面：

冬天在哪里

冬天在身上，身上穿棉袄。
冬天在树上，树上开梅花。
冬天在天上，天上下大雪。
冬天在河里，河里在结冰。
夏天在脚上，脚上穿凉鞋。
夏天在池塘，池塘开荷花。

读课文　写作文

像蜘蛛结网一样构段谋篇
——读《夏天里的成长》

课文重读

夏天是万物迅速生长的季节。

生物从小到大,本来是天天长的,不过夏天的长是飞快的长,跳跃的长,活生生的看得见的长。你在棚架上看瓜藤,一天可以长出几寸;你到竹子林、高粱地里听声音,在叭叭的声响里,一夜可以多出半节。昨天是苞蕾,今天是鲜花,明天就变成了小果实。一块白石头,几天不见,就长满了苔藓;一片黄泥土,几天不见,就变成了草坪菜畦。邻家的小猫小狗小鸡小鸭,个把月不过来,再见面,它已经有了妈妈的一半大。

草长,树木长,山是一天一天地变丰满。稻秧长,甘蔗长,地是一天一天地高起来。水长,瀑布长,河也是一天一天地变宽变深。俗话说:"不热不长,不热不大。"随着太阳威力的增加,温度的增加,什么都在生长。最热的时候,连铁路的铁轨也长,把连接处的缝隙几乎填满。柏油路也软绵绵的,像是高起来。

一过夏天,小学生有的成了中学生,中学生有的成了大学生。升级、跳班,快点儿,慢点儿,总是要长。北方农家的谚语说:"六月六,看谷秀。"又说:"处暑不出头,割谷喂老牛。"农作物到了该长的时候不长,或是长得太慢,就没有收成的希望。人也是一样,要赶时候,赶热天,尽量地用力地长。

古代有个读书人,走了三百里路,去向大师请教作文的诀窍。这位大师看了他的文章,把他带到树林边,指着一个蜘蛛网说:"你不要拜我为师,你拜它为师吧。"那个书生对着蛛网呆看了三整天,忽然悟出了其中的道理,从此作文大有长进。

亲爱的同学们,你们能猜到这个读书人向蜘蛛学到了什么作文法宝吗?蜘蛛结网啊,首先会确定一个"立脚点",然后从这个点引出几根"粗缆",最后再在"粗缆"间来回编织,一张蜘蛛网就结成了。

再看看咱们的课文《夏天里的成长》,作者的构段方式是不是和蜘蛛结网有着异曲同工之妙呢?

课文开头第一句话便是:"夏天是万物迅速生长的季节。"这句话统领全文,是不是很像蜘蛛结网的"立足点"呢?我们把这叫作全文的"中心句"。接下来的三个自然段,作者分别描写夏天植物、动物的生长,山河大地也在生长的现象,说明了夏天的确是万物迅速生长的季节。最后水到渠成,说明人也一样,要在自己的"夏季"尽量地用力地长。文章构思巧妙,结构清晰,细致入微,中心突出。这样的做法就跟蜘蛛"结缆织网"的步骤差不多。所以,我们叫这种根据中心句来构段成篇的方法为"蜘蛛结网构段法"。

接下来,就让我们好好地跟着课文来学习"蜘蛛结网构段法"吧。

首先,请你们看看,围绕中心句"夏天是万物迅速生长的季节",课文第二、三、四自然段分别安排了哪些内容呢?

夏天,植物、动物的生长极快。(二自然段)

夏天,山、河、铁轨……什么都在生长。(三自然段)

人也要赶热天,尽量地用力地长。(四自然段)

仔细对比一下每个自然段的内容,你们发现了什么?

是啊,作者在每个自然段安排的内容都是不一样的,分别是有生命的"植物、动物"、无生命的"山河大地"以及"我们"自己的生长。再细致地读一读,我们还能发现第二自然段表现了"夏天生长速度之快",第三自然段体现了"夏天生长范围之广",而第四自然段讲述的是"成长要抓住时机"。所以"蜘蛛结网构段法"第一招便是：**围绕中心句，从不同角度选择材料。**

再看看，这几个自然段的顺序能随意调换吗？聪明的同学马上就说了：不能！因为，有生命的动、植物生长是大家司空见惯的，能引起大家的共鸣，而无生命的"山河大地"的生长是大家意想不到的，能进一步证明中心句。至于"人要赶时候长"，则是作者真正要告诉我们的道理。所以"蜘蛛结网构段法"第二招便是：**围绕中心句，层层递进安排材料。**

这篇文章啊，篇有"中心句"，段有"小主题"。那么，就请火眼金睛的你们去寻找作者悄悄安排在每一个自然段中的中心句吧，看看你们还能发现什么？

生物从小到大，本来是天天长的，不过夏天的长是飞快的长，跳跃的长，活生生的看得见的长。(第二自然段中心句)

随着太阳威力的增加，温度的增加，什么都在长。(第三自然段中心句)

人也是一样，要赶时候，赶热天，尽量地用力地长。(第四自然段中心句)

你们找对了吗？这些中心句分别出现在段落的什么位置呢？是啊，由此可见，中心句不必拘泥于段首，它可以出现在文末，甚至在文中，一切都可根据你行文的需要而定。所以"蜘蛛结网构段法"还有个温馨提示：**根据需要，巧妙安排中心句位置。**

其实啊，"蜘蛛结网构段法"可不是《夏天里的成长》的独创，我们在很多文章中都能看到它。就拿本单元的《盼》来说吧，它是一篇记叙文，题目是《盼》，文章的中心也是"盼"，写一个小女孩是如何盼着赶紧穿上新雨衣。围绕这个中心，作者叙述了小女孩得到新雨衣、盼望下雨穿雨衣、想借买酱油穿雨衣、如愿穿上新雨衣的经历，通过语言、动作、心理的描写，详细、具体地展示了小孩子"盼"的心理。你看，《夏天里的成长》是从三个不同方面去围绕中心意思写的。而《盼》这篇课文通过不同的事例去围绕"盼"写。所以，通过两篇课文，我们知道了"蜘蛛结网构段法"可以从不同方面或选取不同事例来围绕中心意思写。

再读读课本中的习作例文《爸爸的计划》。亲爱的同学们，你们找到文章的中心句了吗？围绕"爸爸爱订计划"这个特点，作者是从哪三个方面来安排材料的呢？再仔细想想，这几个方面的角度一样吗？可以调换顺序吗？为什么？

以读促写

1. 小试身手:以秋天为主题创作一篇文章,你们会抓住秋天的哪个特点来写呢?

中心句:秋天是一个(　　　　)的季节。

围绕中心句中的关键词,你们会选择下面的哪些事例呢?为你们选择的事例打"√"(多选)

(　)A. 岳麓山上的枫叶红了,层林尽染,色彩斑斓。

(　)B. 一场秋雨一场寒,大树、小草都在秋风中颤抖。

(　)C. 路上的行人低着头,蜷缩着脖颈匆匆而行。

(　)D. 葡萄紫了,苹果红了,梨子黄了,诱人的瓜果让人垂涎欲滴。

(　)E. 农民伯伯忙着收割,笑得合不拢嘴。

(　)F. 稻田里,麦浪翻滚,麦香扑鼻。

(　)G. 淅沥的秋雨打在伞上,也打在游子的心中。

(　)F. 大雁南飞,带去对故乡的思念。

(　)H. 公园的菊花盛开了,争奇斗艳。

(　)I. 荷尽已无擎雨盖,荷塘里只剩下一片萧瑟。

2. 小练笔:在我们的课文中,作者抓住"生长"这个关键词写出了夏日的"迅速生长、活力四射"。其实,每个季节都各有它的妙处。请你们选一个最喜欢的季节,为它定一个中心词,再围绕这个中心词从多方面来组织材料吧。注意:从不同的角度选择材料,若材料的安排还能层层递进就更妙了。

学生佳作

冬之白

冬天在我的记忆中,是白色的。每天清晨起来,习惯性地望望窗外,却再也看不到窗外的桃红柳绿,映入眼帘的只是玻璃上一层淡淡的白雾。走到学校,校门口的那棵大树,前几天枝头上还挂着或红或黄的树叶,今天就蒙上了一层白霜；操场一角的花坛，好像不久前还是色彩斑斓的一片，这几日却变成灰白的了，再过几天，或许就会被白雪覆盖了。和门口的保安伯伯问声好，突然发现，伯伯的头发不知什么时候也"早生华发、两鬓霜白"了。

（湖南大学子弟小学　童心语）

冬天里的沉睡

生物从小到大都是要休息、要睡觉的，但在冬天里的睡却是沉沉的睡、安详的睡。且不说夏日里每天在窗前吵你起床的飞鸟或大公鸡销声匿迹了，山中的蛇儿也钻进了洞一睡就是几个月。走进树林，那些大树们也静静地站立着，如同睡着了一般，连枯叶都懒得晃动一下。平日里总是在院子里奔跑喧闹，妈妈再叫也不肯回家的孩子们，到了冬天也早早地躲进屋子，钻进被窝，进入沉沉的梦乡了。

（湖南大学子弟小学　马若轩）

秋天里的丰收

秋天里的丰收，是大片大片的丰收，是一园子一园子的丰收，是全国性的统一的大丰收。

麦田里，麦穗早已被压弯了腰，一粒粒麦粒颗颗饱满，在阳光下泛着金光，随着秋风把浓浓的麦香送入人们的鼻孔，钻进人们的心肺。果园里更是硕果累累：看看南边，"一年好景君须记，正是橙黄橘绿时"；望望北方，那黄澄澄的梨如一个个黄灯笼，红彤彤的苹果更似燃烧的火把，映红了天边的晚霞。农民伯伯们笑不拢嘴，把丰收的果实运到城里；邻居家的哥哥也手握着三年奋斗的收获——大学通知书，奔向更远的未来了。

（湖南大学子弟小学　任轩溱）

春天里的生机

"轰隆隆！"春雷的粗嗓门呼唤着大地，一切都欣欣然睁开了眼。竹林中，一个个小竹笋头儿刚从地里冒出了脑袋，便迫不及待地在春雨中开启了"长高大赛"。河岸边的柳树也为自己灰扑扑的长发重新绘上了新鲜、灿烂的绿色;小河哗啦啦地唱得欢快,是在跟柳树姑娘谈论着沉睡时的美梦吧。天空是那么明朗,常常有几只小鸟划过天际,叽叽喳喳地飞落树梢,又不甘寂寞地"唧——"地一声飞起。总爱趴在我家暖气片上的懒洋洋的"小白",现在却趁妈妈一不注意就溜出门,抓抓树叶,逗逗小鸟,玩得不亦乐乎。当然啦,憋了一个冬天的我也早就窜出屋子,活力四射地忙活起来啦!

(湖南大学子弟小学　周多琳)

巧举例,明说理
——读《真理诞生于一百个问号之后》

课文重读

有人说过这样一句话:真理诞生于一百个问号之后。其实,这句话本身就是一个真理。

纵观千百年来的科学技术发展史,那些在科学领域有所建树的人,都善于从细微的、司空见惯的现象中发现问题,不断发问,不断解决疑问,追根求源,最后把"?"拉直变成"!",找到真理。

波义耳是17世纪英国著名的化学家。一天,他急匆匆地向自己的实验室走去,路过花圃时,阵阵醉人的香气扑鼻而来,他这才发现花圃里的花已经开了。他摘下几朵紫罗兰插入一个盛水的烧瓶中,然后开始和助手们做实验。不巧的是,一个助手不慎把一滴盐酸溅到了紫罗兰上,爱花的波义耳急忙把冒烟的紫罗兰冲洗了一下,重新插入花瓶中。谁知过了一会儿,溅上盐酸的花瓣竟奇迹般地变红了。波义耳立即敏感地意识到,紫罗兰中有一种物质遇到盐酸会变红。那么,这种物质到底是什么?别的植物中会不会有同样的物质?别的酸对这种物质会有什么样的反应?这一奇怪的现象以及一连串的问题,促使波义耳进行了许多实验。由此他发现,大部分花草受酸或碱的作用都会改变颜色,其中以石蕊地衣中提取的紫色浸液最明显：它遇酸变成红色，遇碱变成蓝色。利用这一特点，波义耳制成了实验中常用的酸碱试纸——石蕊试纸。从那以后，这种试纸一直被广泛应用于化学实验中。

这样的事情不止一例。20世纪初的一天，德国气象学家魏格纳正无聊地看着墙上的世界地图，突然发现南美洲东海岸的凸出部分与非洲西海岸的凹陷部分，竟然不可思议地互相吻合！魏格纳被自己偶然的发现惊呆了。这不会是一种巧合吧？他将地图上的一块块陆地作了比较，结果发现，从海岸线的情形看，地球上所有的大陆都能较好地吻合在一起。魏格纳开始认真地研究这个有趣的现象，他阅读了大量的相关文献，同时搜集古生物学方面的证据。他注意到，一位名叫米歇尔逊的生物学家发现，在美国东海岸有一种蚯蚓，欧洲西海岸的同纬度地区也有这种蚯蚓，而在美国西海岸却没有这种蚯蚓。魏格纳认为，这种蚯蚓的分布情况正说明，亚欧大陆与美洲大陆本来是连在一起的，否则，蚯蚓即使是插上翅膀也难以飞渡重洋。1915年，魏格纳系统整理了他的"大陆漂移学说"，出版了《海陆的起源》一书，在地质学界产生了重大影响。

更有趣的是一位名叫阿瑟林斯基的俄裔美国睡眠研究专家。一次，他发现儿子在睡觉的时候，眼珠忽然转动起来。他感到很奇怪：为什么睡觉时眼珠会转动？这会不会与做梦有关？会是什么关系呢？阿瑟林斯基带着一连串的疑问，对自己八岁的儿子进行了实验，结果表明：脑电波的变化与做梦有关。接着，他又对二十名成年人进行了反复的观察实验，最后得出结论：睡眠中眼珠快速转动的时候，人的脑电波也会发生较大的变化，这是人最容易做梦的阶段。阿瑟林斯基的研究成果，成为心理学家研究做梦的重要依据。

在科学史上，这样的事例还有很多，这说明科学并不神秘，真理并不遥远。只要你见微知著，善于发问并不断探索，那么，当你解决了若干个问号之后，就有可能发现真理。

当然，见微知著、善于发问并不断探索的能力，不是凭空产生的。正像数学家华罗庚说过的，科学的灵感，绝不是坐等可以等来的。如果说科学领域的发现有什么偶然的机遇的话，那么这种"偶然的机遇"只会给那些善于独立思考的人，给那些具有锲而不舍精神的人。

《十万个为什么》曾是许多人的童年记忆，或许你们不知道它的作者是叶永烈，但你们绝不会忘记那里面许许多多的"？"。今天，叶永烈又给我们带来了一篇和"？"有关的文章——《真理诞生于一百个问号之后》。

　　读完课文你们一定会发现，这篇文章跟我们以往学的记叙文有些不太一样，它是一种新的文体——议论文。议论文是用来表达自己的见解和观点的文体，也叫说理文。

　　议论文通常要阐明一个观点，也就是论点。《真理诞生于一百个问号之后》题目本身就是论点。叶永烈就是用这样一种比喻性的鲜活的语言，让你们注意到他想说明的道理："那些在科学领域有所建树的人，都善于从细微的、司空见惯的现象中发现问题，不断发问，不断解决疑问，追根求源，最后把'？'拉直变成'！'，找到真理。"

　　空口无凭，以例为证。叶永烈分别列举了三个例子：波义耳发现植物酸碱反应并发明石蕊试纸、魏格纳通过观察地图提出"大陆漂移学说"、阿瑟林斯基发现脑电波的变化与做梦有关。读完这3个事例，你们一定会忍不住赞叹：哎呀，真理真的诞生于一百个问号之后呢！而这种列举事例证明观点的方法，就是议论文常见的"举例论证"。今天，就让我们跟着作者一起来学习"巧举例，明说理"的写作方法吧。

　　你们发现了吗？叶永烈在这篇文章中写了三个事例，而这三件事情的写作顺序都惊人地一致：都是先写"细微的、司空见惯"的现象，再写科学家们从平凡现象中发现问题，最后解疑获得相关的发明或发现也即"真理"。

　　爱提问题的你们一定会问：叶永烈不是有名的大作家吗？为什么写三件事都不知道改变一下写作顺序呢？

　　原来啊，议论文中的事例跟记叙文不太一样，它的作用在于证明观点。你们瞧，这三件事的叙述顺序与前文观点的表达方式是不是也高度吻合？这样的叙述是不是一一对应，完美地证明了"真理诞生于一百个问号之后"呢？我们可以把这一招叫作"对应观点，安排顺序"。

　　当然，虽然写作顺序一致，但作家在事例的选择和安排上可是有讲究的。仔细读读每件事的第一句话，你们能找到哪些不同呢？

波义耳是 17 世纪英国著名的化学家。

20 世纪的一天，因病住院的德国气象学家魏格纳正无聊地看着墙上的世界地图……

更有趣的是一位名叫阿瑟林斯基的俄裔美国睡眠研究专家。

"英国、德国、俄裔美国"—— 国家不同；"化学家、气象学家、睡眠研究专家"——研究领域不同；就连发现问题的地点和场所也不一样——"实验室、医院、卧室"。

这么多的不同，是不是让我们感叹，原来真理真的诞生于一百个问号之后，不论什么国家、什么领域，甚至不管是在实验中还是生活中，"只要你见微知著，善于发问并不断探索，那么当你解决了若干个问号之后，就有可能发现真理"。看来，要想让别人赞同我们的观点，所举事例还是要下大力气"多角度，选典型"。

让我们再来看看作家的语言表达。虽说议论文多为概括、简洁的语言，但叶永烈在表述时却仍然注意了细节的把握。你们瞧——

路过花圃时，阵阵醉人的香气扑鼻而来，他这才发现花圃里的花已经开了。他摘下几朵紫罗兰插入一个盛水的烧瓶中……

因病住院的德国气象学家魏格纳正无聊地看着墙上的世界地图，突然发现……

他发现儿子在睡觉的时候，眼珠忽然转动起来……

这些场景是不是让我们觉得真理的起源就在身边，很寻常、很普通？是啊，这样的描绘让我们感到科学并不神秘，真理并不遥远，它不独属于科学家，而是属于善于发问的人。作家叶永烈就这样巧妙地唤起了读者感情上的共鸣，从而让我们更加认同他的观点。所以，作者又顺势明说理——在文章的最后总结前文，再次用概括性的表述印证开头提出的观点——"只要你见微知著、善于发问并不断探索，那么，当你解决了若干个问号之后，就有可能发现真理。"

按理说，文章写到这儿就可以进入大结局了，可为什么叶永烈还要写第 7 自然段呢？

联系上下文，你们便会发现，这是作者在对自己观点进行的补充说明——

这种"见微知著、善于发问并不断探索的能力"从何而来呢？来自"独立思考、锲而不舍"的科学精神，而这两者，也是前面事例中的科学家都具有的共性。有了这份补充，作者对"真理的诞生"的阐述也更完整、更缜密了。

以读促写

当然，议论文的论证方法还有很多，举例论证只是其中的一种，也是使用率极高的一种。亲爱的同学们，赶紧用起这种方法，去证明你所想表达的观点，去说服你身边的人吧！

学生佳作

有志者事竟成

"有志者事竟成。"这句话出自《后汉书》，总结并体现了千百年来人们的成功之路。

何谓"有志"？志向远大，立下宏大目标。何谓"事竟成"？朝着目标持之以恒地践行，最终一定能取得成功！这便是"有志者事竟成"。

春秋时期，越王勾践兵败会稽山，战后，勾践为保性命给吴王夫差做了三年奴仆。你们想想，一位国王瞬间成了敌国的仆人，是什么样的感受？勾践回国后，立志复仇。他睡的是稻草席，睡前还要尝一口苦胆，为的就是不让自己忘记在吴国受到的耻辱。他认真执政，体察民生，训练军队，勤奋刻苦。终于，皇天不负有心人。由于吴国常年征战，日益衰败，越王勾践看准时机，发兵伐吴，吴国一举攻溃。此举也为后人留下了卧薪尝胆的励志故事。

这样的事可不止一例，我国"现代桥梁之父"茅以升，小时候住在南京的小乡村，家乡旁边有一条河叫秦淮河。10岁那年的端午节，他亲眼目睹桥塌，死伤无数。那一刻，他暗下决心：长大以后一定要造出最大、最坚实的桥！此后，他抓住一切机会，四处看桥、研究桥、学造桥……他还出国留学，学习世界先进造桥技术。回国后，茅以升想在钱塘江上建造桥，可钱塘江水流湍急，世人都说不可能造得出来。茅以升通过无数次尝试，终于建成了新中国第一座大桥——钱塘江大桥，同时它也是中国第一座现代化桥梁，茅以升是当之无愧的"中国现代桥梁之父"。

再把目光投向国外。世界闻名的居里夫人是波兰裔法国物理学家。她为了证实放射性物质镭的存在，与丈夫一起在实验、研究，历经了精神、体力的双重磨难。最终，他们如愿在十几吨的铀沥青废渣中提炼出0.1克的镭，这不可思议的结果使得居里夫人成为第一个荣获诺贝尔科学奖的女性科学家。

这样的事例，我相信你一定还能举出更多。只要我们从现在开始，树立愿意为之奋斗一生的理想，并持之以恒，从每件小事做起，从生活中一点一滴做起，终有一天也一定会"有志者事竟成"！

（望月湖第一小学　李守庸　指导教师：常硕）

| 评　析 |

为了证明"有志者事竟成"，小作者李守庸分别列举了"勾践立志复国卧薪尝胆""茅以升立志建桥奋斗一生""居里夫人立志寻镭绝不放弃"三件事，从古到今，从中国到外国，不同领域，不同性别，非常充分地证明了"有志"是成功的"基石"。

玩得好才能学得好

韩愈说：业精于勤，荒于嬉；行成于思，毁于随。可是我认为玩得好才能学得好。

我们语文老师喜欢在课堂里加入游戏。有一天上新课，课件里突然出现关于古诗的小游戏，我们兴致勃勃地玩起来，"加油、加油……"呼喊声一阵高过一阵。在玩的过程中，我们悄无声息地掌握了知识。这种方法我们都十分喜爱，同时对知识的理解也更加深刻。

玩得好，还能增强我们的逻辑思维能力，开拓思路。

我们班的学霸桑桑，玩魔方十分厉害。给她一个打乱的三阶魔方，不到一分钟她便复原了。我们都惊叹不已，她还挑战难度更高的"镜子魔方"。她的解题思路总与其他人不同，思考的角度也比我们更丰富。有时她还能从玩中找到我们课堂学习到的一些知识。

如果没有玩好,还会影响学习,不信你们看一看我的痛苦经历。

"哎!你犯规了。""没有!"听着室外的嬉戏声,我不禁转头望向房门,心早就飞到外面的游戏中了。"看什么看,快点写。"我极不情愿地把目光收回,捏紧了笔,开始一笔一画地写作业。"哈哈,我赢了!""不对,我赢了!"耳边不停地传来欢叫声。我多想出去玩会儿啊!可身后还有一只凶狠的"大老虎"盯着我呢,于是我心不在焉地把作业写完了。结果呢?作业写错了许多,被老师批评了。

你瞧,"玩得好才能学得好"这句话并不是没有道理的。当然,也只有那些学有余力、留心观察的人才会玩得好又学得好。

(望月湖第一小学　蔡李眩辰　指导教师:常硕)

| 评　析 |

哈哈,"玩"能增进课堂学习,"玩"能让人脑子更聪明,没玩好连作业都做错。蔡李眩辰同学这"三连攻",从课里到课外,从他人到自己,正反两面摆事实、讲道理,相信他的父母看了一定会大手一挥:去玩吧!

名师评说

在热爱的世界里闪闪发光
　　　——名师李虹印象　刘亚雄
一个语文老师的浪漫
　　　　——记全国十大青年名师李虹　宋添添
不一样的"彩虹"　余珊庆

在热爱的世界里闪闪发光
——名师李虹印象

湖湘小语，名师云集，群星璀璨，李虹老师无疑是最耀眼的一颗。

初识李虹，是在湖南第一师范学校，那时的她，是闪亮的校园之星。湘西神秘的山水涵养出她清灵俊秀的艺术气质，也赋予她非同一般的语言天分。她是学校推普协会的骨干成员、校广播站的播音员、各种校园活动的主持人，表演的舞蹈一直是校园艺术节的保留节目。

再见李虹，已是毕业十年之后，因为小语教研成绩斐然，她从吉首调到长沙，工作的地方离我的学校不远。同为语文教师，又是同届的同学，我们自然地熟悉起来。

由同学到同道，再到挚友，一晃 30 多年过去，我见证了她成长路上的艰辛与困苦，也感佩于她对小语事业的深情与执着。但岁月似乎特别眷顾垂爱于她，李虹还是当初校园里清纯少女的模样，也一直带着那份自信与从容在自己热爱的世界里闪闪发光。

一、深耕课堂，静水流深

课堂是教师成长的舞台，也是名师实践与成长的主阵地。李虹老师天生是属于课堂的，很多听过她课的教师这样说道："李老师只要一站在讲台上，两眼就会'发光'，那种对于教学的热爱，不仅感染着我们，更感染着每一位学生，真的令人钦佩。"正是源于对课堂的热爱，30 多年来，她一直深耕课堂，从未离开，不断修炼自己的教学技艺,不断探寻语文教学的真谛,乐此不疲,乐在其中。

十几年前,我和李虹一起参加湖南省国培办组织的"送培到县"活动,应当地教师的需求,李虹执教《伯牙绝弦》一课,我负责课后点评。上课的前一天晚上,我们在宾馆的房间里探讨这一堂课的教学,我还不无忧虑地对她说:"文言文教学是一块难啃的硬骨头,农村学校的孩子学习基础差,学起来更吃力,你要有思想准备。"李虹也很担心,打开电脑开始调整教案,一直忙到后半夜才睡觉。第二天,大礼堂里坐满了慕名而来的语文教师,李虹的这堂课赢得了阵阵掌声。她从学情入手,发现学生们学习文言文最大的问题是难读难懂,她便通过范读让学生感受文言文独特的韵味,激发学生对文言文学习的兴趣。她改变当时文言文教学以理解为主的教学方式,整堂课以读为主线,将生字学习、词语理解、语言积累、画面想象、意境品味、拓展运用都融进朗读中,步步推进、逐层深入落实文言文的教学目标。40分钟,师生沉浸在入情入境的朗读中、陶醉在千年难遇的知音文化里,听课的教师也被这样的课堂吸引,这堂课余音绕梁、余味无穷。之后,这堂课便成了每次"送教送培"活动的必点课,很多教师听一次还觉得不过瘾,追着听过好几遍。

此后,我又多次在公开展示活动中听到李虹老师的课,从低段到高段,从识字教学到阅读教学,从古诗词到习作课,每一次,她都在突破,不囿于模式,不循规蹈矩。她的课堂,总是有一种力量,牢牢地把学生吸引住。她的课堂,总是充满无穷的魅力,清新自然、行云流水、浑然天成。李虹从边城吉首到省会长沙,再到全国的教学舞台上一展风采,获评"全国教师素养大赛一等奖""全国十大名师",这些都是她多年来坚守初心、深耕课堂、静水流深的收获。

二、潜心科研,硕果累累

作为名师,李虹不满足课堂上的孜孜追求,她深知教学要有生命力,一定要做到教研相生。李虹所在的湖南大学子弟学校是一所省直学校,但她多年来,一方面坚持参加省、市组织的教研活动,另一方面主动加入岳麓区的教研联盟,担任岳麓区青语会的负责人。作为省、市、区三级教研活动的骨干,她在完成繁重的教学任务的同时,还经常要马不停蹄地赶往各个教研活动的现场,承担着重要的教研任务。看着她瘦小纤弱的身子,我曾经心疼地问她:"这么多任务,你哪有那么多时间?怎么忙得过来?"她总是莞尔一笑,说:"参加这些教研活动,能学到很多东西,也能逼着自己成长,收获特别大。做自己喜欢的事情,根本不觉得辛苦,乐在其中。至于时间嘛,总能挤得出来的。"

近二十年来,她跟随岳麓区的教研员熊社昕老师一起做省规划课题,从"小学课文导写研究与实践"到"小学语文群文导写实践研究",课题成果先后荣获"湖南省第三届基础教育教研成果一等奖""湖南省第五届基础教育教研成果一等奖"。同时,她还带领学校教师一起承担了"在小学语文教学中发展学生科学素养的研究""群文阅读下小学古诗改写实践研究"等省级以上课题的研究,先后在省级以上公开刊物发表文章30余篇。这些成果,全部源于她在教学一线的研究与实践。这些思考和探索,又不断优化她的教学实践,让她的教育思想渐趋成熟,教学技艺日益精湛,也引领她不断超越自己,向语文教学的更深处漫溯。

三、辐射引领,渡人渡己

名师之名,重在示范引领。李虹老师多年担任学校的语文教研组长、教研主任,又是岳麓区青教会的核心成员、湖南小语的领军人物,自然成为很多青年教师专业成长路上的引路人。但李虹老师从来不居功自傲,也不以名师为累。在学校,她真诚地带领教研组的老师一起学习研究,认真组织每一次教研活动,精心准备每一堂研究课,用心指导每一位教师。在她的带领下,一批批语文教师拔节成长,在省、市、区教学竞赛的舞台上取得了优异的成绩,学校语文教研组也多次被评为湖南省、长沙市的"优秀教研组"。

作为岳麓区青教会的核心成员,她还和岳麓区小语精英团队一起,承担着全区青年教师的教研培训指导任务,大到区域教研活动的组织研讨,小到某位教师的磨课指导,我们都能看到李虹老师忙碌的身影。因为李虹老师具有丰富的执教公开课的经验,课堂教学充满了魅力,很多青年教师都乐意拜她为师,向她请教教学上的问题。她也总是不厌其烦,耐心指导,毫无保留地奉献金点子。讲到激动处,她还会亲身示范,直到他们完全领悟为止。

近年来,随着乡村振兴战略的推进,送教下乡日益频繁,名师李虹也成了各级送教培训活动的排头兵。因为平时教学任务繁重,她只能利用周末或寒暑假的时间承担送教任务。十几年来,她踏遍了三湘四水、全省各地,不管是繁华热闹、交通便利的美丽都市,还是路途遥远、交通不便的边远山区,她都不辞辛劳,欣然前往。最难能可贵的是她从不将自己现成的课例进行巡回演出,而是根据当地教师的需求不断调整教案,调整上课内容,有时甚至还要重新备课,把自己弄得疲惫不堪。但看到老师们满意的笑容、满载而归的身影,她又无比欣慰,觉得所有的辛劳都是值得的。正如李虹在一篇文章中所言:"教育原本就是一场渡人渡己的修行,帮助别人的同时,我也收获了快乐和幸福,也成就了自己。""鸳鸯绣罢凭君看,乐把金针度与人。"这是一位名师应有的境界与胸怀,也是一位名师快乐幸福的源泉。

名师李虹,像一束光,明亮、温暖而不刺眼。愿她能永远保持这份纯粹与淡然,一直在自己热爱的世界里闪闪发光。

(湖南省教育科学研究院小学语文教研员　刘亚雄)

一个语文老师的浪漫

——记全国十大青年名师李虹

提到名师李虹,有人会说:"一袭精致的裙子,温婉如玉的笑容,袅袅婷婷的身材。"有人会说:"面露微笑,眼里有光,美丽优雅,走路不疾不徐,还有挺直的脊背。"还有人会说:"遇人总是笑眯眯的,尤其在课堂上,总能轻易、自然、爽朗地笑出声来,令孩子们心情放松,那笑声也成为她课堂一道标志性的风景。"……

一

初识李虹老师,是在十多年前。那是一个周末,具体哪一天不记得了,具体什么天气情况也不记得了,只记得她穿着一件黑色的背心呢子裙,还有裙摆下高高凸起的大肚子。那天的活动叫"麓山语文茶座",有岳麓山下的小语人聚会之意。她在那一次活动中,揣着腹中的小宝宝上了一堂公开课——《母鸡》。一位孕妈妈,课堂上自带光环,和授课内容契合得天衣无缝。事后很多年,大家回忆起这样一个精彩而又温暖的瞬间,无不为之叫绝。

也是那次活动之后,我了解到了"麓山语文茶座"这个神秘的民间组织。它没有官方的头衔(也就是没有活动经费),所有的主题都自主策划,所有专家参与的活动都是公益行为,所有参与的老师都不会收到规定与会的通知,而是那个年代更没有学分一说。可奇怪的是这个活动仿佛有一种神奇的吸引力,每月最后一个周六的上午,大家总会不约而同地来到岳麓山脚下,一起来聊聊教学中的那些话题。活动的形式没有限定，有时是研讨课，有时是讲座，有时甚至是辩论。为了茶座话题的设计，李虹老师经常"蹭"官方教研活动的场子，给老师们发调查问卷，了解一线老师们的困惑、思考以及近期热议的话题。那个年代，没有智能手机，整理调查问卷纯手工，为此，李虹老师常常要忙到深夜。一切用心的付出都必定有美好的回馈，麓山茶话迅速火爆。大家赶场子似的等待着一个又一个月末的周六。"麓山语文茶座"也受邀，常常出现在周末的校园中。更令人感动的是，许多名家也义务地赶来参与活动。王崧舟老师的到来让大家念念不忘，佘同生教授和薛根生教授在活动中那一场面红耳赤的争论更是让大家津津乐道。语文教研的氛围，就在麓山茶话的一沸、二沸、三沸中浓香四溢。

所谓"茶话"，即饮茶谈话。宋朝的方岳曾在《入局》中写道："茶话略无尘土杂，荷香剩有水风兼。"煮茶的步骤纵然烦琐，但看着小火苗摇曳在空气中，闻着砂壶里飘出的浓郁茶香，总能让清冷的日子有一丝生色，让烦躁不安的内心有了安放的角落。麓山茶话正是扮演着这样一个角色，这壶"茶"煮得雅致，煮得真味，随着茶温慢慢升起，我们的身体和心灵也渐渐感受到暖意，在忙碌中寻求到工作的愉悦与意义，其中之熨帖，不能以言语细述。

总之，从那个十几年前的周末开始，我知道了——李虹，很红。

二

事实上，她不止在那个年代很红，而是伴着岁月一路红了过来，以至于现在，区里要开展语文学科的教研活动，如果有李虹老师出场，那必定要先联系区内最大的报告厅，因为有太多在通知范围以外的老师会慕名而来。老师们也要早早出门，为了能顺利找到停车位，能略略提前挤进会场。

听李虹老师的课为什么要提前？那自是有道理的。因为她从走上台的第一分钟起，就开始"有戏"了。平时只道寻常的课前交流，那都是老师们纷纷学习的经典。在"自由作文"课前，她看到学生们十分拘谨，干脆带他们做缩字游戏，很会"带笼子"（长沙方言，诱骗之意）的她让学生们"中了圈套"，乐坏了的同时也悟到了中文之妙；在《方帽子店》课前，她出乎意料地报出该班（借班上课）好几个学生的名字及特点，巧妙引出课文主题"意想不到"……每一次出场都设计精巧,学生们都乐颠颠地、自然而迅速地进入了课堂状态,听课的老师都在心里暗暗膜拜。

课前交流尚且如此,教学的设计、课中老师行云流水的引导、四两拨千斤的点拨就更不用一一描述了。

三

作为名师,少不了接待各种途径过来请教的青年教师。教研活动的间隙,常常看到李虹老师在专注、认真、严肃地讲述,这种讲述不是自夸与炫耀,也不是惊喜与得意,而是一种投入,一种思考,一种责任,一种情怀。领首、记录、轻声应答,青年教师所能回馈的是对教育教学投入更多热情与热爱。

区青年名师李俊蓉回忆道:"那是在 2015 年的秋天,我第一次见到李虹老师,和李老师一起去炎陵送教下乡。在和大家的聊天中得知李虹老师上课很厉害,《伯牙绝弦》一课让学生、老师听了还想听。得知她是全国优秀教师,心中越发景仰。幸运的是那次活动中和李老师分到了同一间房间,当时心里激动中带着紧张。在相处过程中发现李老师为人特别随和,在我上课不知道穿什么的时候给建议,在我因为第一次在这么多老师面前上课紧张的时候不停地鼓励我。让我印象最深刻的是,当时李老师上第一堂课,我上第二堂课,在名师后面上课,我特别有压力,表现很焦虑,不停请教即将上课的李老师各种问题:上课学生不发言怎么办?朗读不好怎么办?怎么才能让学生们都参与到我的课堂中来……虽然李老师自己也即将上课,可是她依然耐心地回答我的每一个问题,并不断鼓励我:'你已经很棒了,肯定可以上得很好。'在临上讲台前,她还告诉我上课如何避免重复叫同一个学生回答问题的小妙招。用了李老师的小妙招,我的那堂课果然很好地调动了学生们积极参与课堂的热情。那次活动,一个人美心善、关爱别人的李老师就驻扎在了我的心中。"

区青年教师会的王弯弯老师这样说:"与李老师相识,是在青教会。我幸运地分到了李老师一组,她是我的指导老师。听说李老师是全国朗读比赛特等奖,我向李老师请教如何朗读课文。李老师告诉我首先要认真研读文本,确定好朗读的感情基调。然后她教我怎样快速在文本上进行朗读标注,在听完我的朗读后针对我的问题提出建议,并不厌其烦地范读给我听。真好听!像有魔力一样,只要她一开口,我马上就进入了文本中。李老师不仅教我怎样读出情感,还教我如何发音才能保护好自己的嗓子,同时让声音更厚重,更有感染力。为了让我把比赛的课文读得更好,李老师更是把我带到她的办公室,一句一句指导我朗读,还告诉我不要担心,慢慢练习肯定能读好。从此以后我就"赖"上了李老师。还记得后来我参加长沙市交流课选拔赛时,临近比赛,我需要范读课文《妈妈睡了》,其中的长句子'她乌黑的头发粘在微微渗出汗珠的额头上',我读了很多遍都觉得不够到位!我当时一下就想到了李老师!可是我知道李老师肯定特别忙,抱着试一试的心理,我给李老师在微信上发了一条信息。到了晚上,我收到了李老师下班后在安静的环境中给我录制的课文朗读的语音。在为我示范朗读的同时,她还告诉我为什么要这样停顿。那一刻,我内心是满满的感动与敬佩。对一个不太熟悉的同行能这样毫不保留地给予帮助,我想这就是名师对待教育的情怀。有李老师为榜样,时时刻刻提醒着我作为一名老师要不断充实自己,专业素养要过硬。"

区小语理事会的陈佳老师说:"那次在市实小梅溪湖学校上公开课,是深秋的下午了。我上第一节课,李虹老师上第二节课。下午见面时我有些吃惊,她已经感冒到嗓子嘶哑,几乎说不出话来——这个样子怎么上课啊?还是这种场合下的公开课,几百人听课哪。顾不上多担心她,我先上了台。等我上完课下来,见她紧缩的眉头已稍稍舒展,好像是打了一针什么神奇的药剂——可是明明刚才她也只是在台下听课,可没有什么私家医生随诊啊。来不及多交谈,她上台了。刚开口讲课时的声音还透着喑哑,令人揪心。可是上着上着,神奇的事情发生了,尤其到了讲故事的环节,她一下子就恢复了以往的绘声绘色,声音也越来越清亮,哪里还是刚才那个愁容满面、说不出话的病人?记得当天我在朋友圈里写道:向今日同台的虹女神学习,嗓子哑成那样,一登台就神采飞扬,声音还越说越亮——讲台就是神奇的能量交换场——但这只对师德高尚的人发生作用,药引子就是那个叫情怀的东西。如今翻看这条朋友圈,师德、情怀这些词可能都还大了些、不够准确,想来虹女神上台时也没想过这些,不过就是喜欢、投入罢了,发自内心、自然而然。而恰恰就是这种自然而然的喜欢和忘我,证明她已

'人课合一',她的职业追求和人生价值融合成为教室里讲台上的一座桥、一道光。"

区小学语文教研员熊社昕老师这样评价李虹老师:"即使头天晚上因为思考问题而失眠,第二天的课堂中,你仍然会看到一个神采奕奕的李虹。作为'小学语文课文导写'课题的主要研究者,在一次面向全市的开放活动中,她需要执教的是北师大版教材中的课文《生死攸关的烛光》。选择哪个内容作为'读写结合点'呢? 早晨,眼睛一睁开就是'半截蜡烛';上班路上、吃饭时,脑海里全是课文内容;深夜,她还在不断思考,又不断地否定,无法入睡。直到将自己的目光聚焦到课文中那令人窒息的'一分钟',她忽然眼前一亮,文思泉涌,又更加无法入睡。每一次接到公开课的任务,就是一个痛苦的、煎熬的过程,但成功总是眷顾勤奋专注的人,李虹老师更乐意享受那一个过程。二十多年来,李虹老师接受过无数开放课、示范课的任务,无论内容多偏、时间多紧,她总是欣然接受。用她自己的话来说:累,但是乐在其中。"

雅斯贝尔斯说:教育是一朵云推动另一朵云,一棵树摇动另一棵树,一颗心灵唤醒另一颗心灵。李虹老师的唤醒,不是说教,不是指导,不是规劝,而是实实在在的亲近,自然而然的爱,自然流淌的尊重。李虹老师用她的一言一行为教育做了最生动的注脚。

四

如果你以为这样一个热爱教学的纯粹的名师形象,就是真正的李虹,那你一定理解错了。

如果你走进李虹老师的办公室,便会发现李虹老师也和我们大多数一线老师一样,和同年级的老师待在一个大办公室,桌上也堆满了需要批改的作业。在许多人眼里,这样的名师,应该很忙,已经无暇顾及班级,更不会做班主任工作了。可事实上,她一直都担任班主任一职,即使外出上课,也从不欠课。这一年,她送完一届六年级,又迎接了一批一年级的小萌新,她依然很忙碌,但她的工作却有条不紊地进行着。原来名师,也是一名"普通老师"。

可是,身为名师,就注定在她身上有普通人不曾有的光环。这个学期,她把和一年级小朋友相处的点滴、读过的绘本、课堂中的做法都写进了她的个人公众号里。这让同教一年级的老师有了福利。大家开始追看李老师的更新,遇到困惑也会到公众号上找答案。有时,李老师还会看到大家的留言提问,不多久,公众号上便会出现详细的解答,让老师们不仅解决了教学中遇到的难题,还了解到了钻研的价值。他们也时时记录自己教学中的点滴,写下自己的思考。

李虹老师在湖大子弟小学的年轻同事漆露蓉老师感叹:"教学、写字、演讲、朗读、随机应变……外功在学校屈指可数;素养、文化积淀那更是一枝独秀。李老师是教语文的,可她的声乐和舞蹈比音乐老师更好,她的普通话和表达比主持人还优秀;编排节目的能力比电视台编导还突出……夏丏尊先生称这样的老师好比一尊佛像,有后光,让人不由心生敬仰,最是恰当不过了。"

正是因为李虹老师如此全面,她的学校工作,除了语文教学,还有许多个"其他"。湖大子弟小学是省级直属学校,学校常常要开展很多省级开放活动,在这些活动中,李虹老师是常驻主持;学校大队部工作开展得全国有名,李虹老师在大队工作中是参与策划者、是排练负责人;去乡下支教,为支教学校一手创办了"莲花之声"广播站,培养了两位金牌小主持,还有那训练有素的红领巾监督岗成员、独具特色的入队任务单……只一年时间,便让莲花五小少先队的许多工作从无到有,最后成为村县少先队活动示范接待校……

同为一线老师,我常常觉得时间不够用,很多事情没时间去做。可从李老师身上,我看到了最明亮的教育远方。理想可以立意很高,理论也可以高屋建瓴,但要将理想变成可观、可感、可触的现实,却不是一件容易的事情。没有诚挚的教育情怀,又哪来如此的毅力和决心?

五

大家都说,女人的年龄是个秘密。熟悉李虹老师秘密的人,常常惊异于她的年轻!她永葆青春的秘密就是——像一天到晚游泳的鱼,不让自己闲下来。

她可以早上从湖大子校出发,赶到长沙县上一堂示范课,下午又赶回市区参加教研活动,晚上再回到湖大子校忙自己的事情。

她每上一堂示范课,都不是上完了就过了。湖南省第一师范学院国培中心黄朝霞院长说:"李虹老师每一次授课后,无论多么成功,总会和我在课后聊自己的反思。"

她还是一位母亲,为了授课《母鸡》时那个揣在肚子里的小生命,她跟天底下所有的母亲一样,风里来雨里去地在学校和各种培训班之间往返接送。

她爱美食,爱电影,爱购物,爱在随身的包上挂些出乎意料的可爱小饰品……

她一直生长,从未停歇。利他,悦己。

三毛曾说:"在我有生之日,做一个真诚的人。不放弃对生活的热爱和执着,在有限的时空里,过无限广大的日子。"

我们爱三毛,因为她有我们想要的生命的样子。

李虹说:"人这辈子,总得有些追求,我不想在年轻的时候,就能望见自己几十年后的样子。"

我们也爱李虹,因为她有了我们想要的生活的样子。

评为十大青年名师后,李虹老师每学期都会接到任务,基本上是"命题作文"。面对全新的统编教材,新的单元和课文,每个任务都是一根难啃的骨头。李虹老师认为:每啃掉一块硬骨头,就站上了一个山头,去过了多个山头,统编教材就尽收眼底。

原来,发光并不是太阳的专利,名师也可以。

当然,就我看来,李虹老师不仅仅是一位名师,她更是一种现象。靠近她的人,不由自主地会去热爱,去追求,去努力活成自己想要的样子。

人世间,有许多绝美的相逢,比如酒与李白,比如菊与陶潜,再比如,语文与李虹……

(中南大学第一附属小学　宋添添)

不一样的"彩虹"

初印象

记得我刚到湖大子弟小学应聘时,刚进学校大门,就看见一块提示牌:请所有语文老师第二节课至一年级1班教室听李虹老师的示范课《雨铃铛》(这节课已经在全国课堂教学竞赛中获奖)。机缘巧合,我也悄悄进入了教室中,聆听了一节让人如沐春风的语文课。初见其人,感觉李虹老师就如一个邻家大姐姐,甜美、可人,而她的语言就如她人一般富有感染力。这节课上,她带领学生感悟课文中的语言文字美,用手去触摸,用耳去聆听铃铛声,用心去体会雨中的意境,课堂氛围很惬意、很舒适。当时我就在想:这个老师太厉害了,语言功底相当强,文字是静态的,却能在她的引领下变成动态。我暗下决心:以后我也要成为一名这样的老师!

"拼命三娘"

进入学校,李虹老师亦师亦友,在教学上不断指导我们年轻教师,慢慢地我们才了解到,这个不老的女神其实已经从教很多年啦。但她对教学、对学生永葆一颗初心。

更深入的接触,是当年她带领我们创办了"麓山语文茶座"。作为创办人之一的她,做事尽职尽责,不放过一点细节。每一次的活动安排,她都亲力亲为。"朱朱,我昨天晚上仔细想了一下,这节课最后我们可以尝试换种方法……""小玲,这个单元的重点是学习复述,我们应该教给学生方法,有所生发……""这个地方,我们采用书信的形式,让学生学会用第一人称复述,你看这样行不行?"……我忍不住问她:"虹姐,你这些想法是什么时候蹦出来的?白天你跟我们一样,都在上课,忙得团团转,哪里还有空闲时间琢磨这些呀!"每次她都付之一笑,这成了一个谜!

直到后来有了微信,这个秘密才随之解开,原来,我们一天只有24小时,她的一天有48小时!为什么这么说呢?深更半夜,当我们沉浸在美梦中时,这位姐姐还在工作,还在想着第二天的安排。有时候睡不着时,干脆起来写几段文字,写一份教案!最厉害的是,第二天,她只要站上讲台,就会元气满满。她的课堂就从来没有"无趣"这个词,每一节课都是趣味横生,学生总能一课一获。我不禁感叹:虹姐,你怕是属"猫头鹰"的,不用睡觉的,我们怕是永远也赶不上你这拼命三娘!

"蠢"老师

这样一个热爱学生、热爱教学的老师何来"蠢"之说?在我们眼里,有时的她真的"蠢"到不一般。

最近流行这么一句话:"一位手有戒尺、眼中有光的老师,一定是一位好老师。"而李虹老师正是这样一位老师。她会跟学生打成一片;作为奖励,她会利用周末陪着学生看电影,即便自己的工作很忙;她会牺牲午休的时间帮学生补习……也正因为这样,她忽略了自己的女儿。在我们学校都是同事带着她的女儿玩耍,而她,也许正在辅导其他娃儿。这样一位认真、负责、有爱心的老师,你肯定会觉得家长们都十分认可——错了!她也有被家长投诉的时候,投诉她放学后还把学生留下来补作业!我们不止一次劝她,你何必呢?家长不领情,你还留着学生干吗?他不做作业就算了,你干什么跟自己过不去!可是这位"蠢"老师却说:"那不行,这个孩子很可怜的,家里对他的关心不够,他在班上已经落后了,如果连我都放弃他,那他真的没有出路了。我只求问心无愧就可以啦!"

"拖延王"

李虹老师,有着绝对的拖延症。用她自己的话来说就是不到火烧眉毛,绝不会出成品。所以,在办公室你会经常听到"啊啊啊,怎么办,后天我就要上课了,我的教案还没出来!""完蛋啦,明天的家长会我还没有准备好,这可如何是好?"

可你会发现,没有哪一次,她需要交的东西会交不上;没有哪一次,她上的课会"筐瓢"。她真的是拖延成性吗?真的不是,其实每堂课、每次讲座、每个方案,都是她深思熟虑的结果,前期她要做很多很多准备工作,绝对不打没有把握的仗,这样的她又怎会不成功呢?

李虹,人如其名,彩虹一般,拥有着七色光!她在小语这方领域里默默积蓄能量,定格的瞬间也像彩虹一样绚丽。

(湖南大学子弟小学　余珊庆)